Library and Sharing Economy

도서관과 공유경제

노영희 노지윤

도서출판
청람

프 | 롤 | 로 | 그 Prologue

우리 민족은 오랫동안 전형적인 씨족사회를 이루고, '품앗이문화'를 통해 개개인의 부족한 노동력을 신뢰를 가지는 상대와 협력하여 보완하였다. 이는 최근 세계적으로 화두가 되고 있는 시간과 경제력의 공유를 의미하는 것으로 한민족은 세상에 나온 지 10년도 되지 않는 '공유경제'를 수백년 전부터 생활에 적용하여 온 민족인 것이다. 이러한 품앗이 공유경제가 우리 문화와 민족에 적합한 것은 우버나 에어비앤비가 신속하게 우리나라에 자리 잡는 것으로 확인할 수 있다.

공유경제의 힘

공유경제(Sharing Economy)는 2008년 미국 하버드 법대 로렌스 레식(Lawrence Lessig) 교수에 의해 처음 사용된 용어로, 한 번 생산된 제품을 여럿이 공유해 쓰는 협업소비를 기본으로 한 경제방식을 의미하며 "물품을 소유의 개념이 아닌 서로 대여해 주고 차용해 쓰는 개념으로 경제활동을 하는 것"으로 정의되었다.

이러한 공유경제는 세계적인 일간지 및 경제학자들도 주목하였는데, 먼저 공유경제의 부상을 예상한 Botsman과 Rogers(2010)는 공유경제를 경제가 회복되면 시들해질 단기적 현상이 아닌 향후 10년을 지배할 지속가능한 시스템으로 소개하였다. Time(2011)에서도 세상을 변화시킬 10가지 아이디어 중 하나로 공유경제를 선정하였으며, Forbes(2013)는 모든 것을 공유하는 시대가 다가오고 있다는 설명과 함께 공유경제를 전 세계적인 키워드로 지목했고, Economist(2013)도 세계 산업계가 공유경제에 높은 관심을 보이고 있다고 전했다. 그리고 2013년 3월 전 세계 최대 규모의 정보산업박람회인 '2013 CeBIT 하노버'에서는 공유경제를 주제로 행사를 진행하기도 하였다. 또한 미국도서관협회에서도 미래 도서관의 트렌드 중 하나로 공유경제를 소개한 바 있다(American Library Association 2015). 이러한 공유경제는 인터넷과 다양한 새로운 통신기술의 발전과 함께 출현한 글로벌 소셜공간의 시대에 더욱 활성화될 것으로 기대되고 있다(Rifkin 2011).

공유함으로써 알 수 있는 가치

공유경제는 사람들 간의 협동과 자원의 나눔을 기반으로 하는 서비스이다. 최근 공유경제의 개념을 기반으로 수익을 창출하기도 하고, 개인들은 새로운 직업을 얻기도 한다. 이러한 일련의 활동들을 통해 사람들은 나눔과 공유의 미학을 느끼고 있다. 한 가지 가까운 예를 들어보면, 학생, 교직원, 그리고 지역주민 등은 택시, 버스 외에도 캠퍼스 곳곳에 배치되어 있는 쏘카, 그린카 등 카셰어링업체에서 제공 또는 공유하는 차량을 언제든지 이용할 수 있다. 이러한 카셰어링서비스는 지속적인 보험비, 주유비, 유지비 없이 차량을 이용할 수 있는 편리함을 주고, 공유의 일상화를 통해 사람들과 협력하여 자원을 나눔으로써 단순히 일상의 편리함뿐만 아니라 우리가 사회 속 공동체라는 것을 느낄 수 있게 해준다. 즉 공급자 입장에서는 경제적인 수익을 얻을 수 있으며, 이를 빌려 쓰는 수요자 입장에서는 특정 자원을 구매하는 비용보다 저렴한 비용으로 사용함과 동시에 물건을 소유하지 않고 대여함으로써 보관·관리·유지비용이 들지 않을 수 있다.

이처럼 공유경제는 공급자와 수요자 모두에게 이익이 되는 윈윈(Win-Win) 구조를 형성하여 공유가치를 창출시키고 사회경제 전반에 영향을 미쳐 자원을 절약하거나 경제를 활성화시킬 수도 있으며, 공유를 통한 신뢰관계 구축 및 향상, 공동체의식 회복 등의 새로운 가치를 파급시키고 있다.

공유를 규제해야 한다?

모든 개념에는 양날의 검과 같은 측면이 있다. 공유경제를 이용하는 사람들이 늘어날수록 일면에서는 피해를 보는 사람들도 나타나고 있다. 특히 최근에 에어비앤비 등의 숙소 공유서비스에서 몰래카메라가 발견되거나 집주인이 이용자를 성폭행하는 사건 등이 발생하고 있다. 이러한 문제는 공유경제기업이 단순히 플랫폼만을 제공하고, 그 이후 기업과 개인 또는 개인과 개인 간의 서비스 교환과정에서 발생하는 다양한 문제에 대해서는 책임을 지지 않고 있어, 공유경제기업의 맹점으로 지적되고 있다. 또한 숙박 공유서비스가 활성화된 다른 나라에서 나타나는 집세 상승 부작용에 대한 우려도 나오고 있는데, 실제로 미국 뉴욕에서는 3년 동안 1만 채 안팎의 집이 월세와 장기 임대시장에서 숙박 공유 영업으로 변경되면서 월세가 오르는 현상이 나타나고 있다(장아람 2019). 이러한 시스템상의 오점과 공유경제기업의 증가로 인해 사회경제에 미치는 악영향들은 공유경제의 단점으로 언급되고 있다.

그럼에도 공유경제는 여분의 자원을 이용하는 것뿐만 아니라 다양한 자원들을 개발하고 공유함으로써 사람들이 직접 일자리를 만들고 이익을 창출하며, 나아가 사회적 신뢰를 회복할 수 있는 경제 모델로 주목받고 있다. 따라서 앞으로 공유경제의 효과를 살리면서 단점을 최소화할 수 있도록 사회경제 전반에 미치는 파장을 고려한 정밀한 대책과 규제가 지속적으로 보완될 필요가 있을 것으로 판단된다.

공유경제와 도서관

공유문화는 IT기술의 급속한 발전과 인터넷을 통해 연결된 인구를 기반으로 관광, 교통, 숙소 등의 다양한 분야에서 가치를 인정받아 세상을 바꾸고 있으며, 도서관 분야도 예외는 아니다. 공유경제라는 말이 도서관 분야에서 사용되기 시작한 것은 비교적 최근 일이지만, 도서관은 오래 전부터 공유경제를 실현하고 있었던 대표적인 기관들 중의 하나이다. 이에 대해 Garlick(2014)은 "도서관이 진정한 공유경제의 개척자"라고 주장하며, 도서관 공유경제 모델과 현 공유경제 비즈니스 모델(Uber, Peerby, AirBnB 등)의 유일한 차이는 배포매체와 기초자산의 궁극적인 소유권이라고 하였다. Mies(2014)도 공유경제가 다양한 분야에서 이슈화되고 있지만 도서관에 있어서 공유경제는 새로운 것이 아니라고 주장하였다. 그럼에도 아직까지 도서관 분야에서는 공유경제에 대한 활발한 논의가 이루어지지 않고 있다.

향후 공유경제의 범위를 개인에서부터 기관, 지역, 국가, 전 세계로 확대한다면, 도서관에서 추구하는 가치와 목적은 공유경제를 통해 더 많은 사람에게, 나아가 사람과 사람 간에서 이루어질 수도 있으며, 도서관은 지식과 문화 공유의 장으로서 빛을 발하지 않을까?

노영희 · 노지윤

2019년 6월

차 | 례 Contents

1부 공유경제

2부 공유경제와 도서관

1부

공유경제

1 CHAPTER

왜 공유경제에 열광하는가?

오랜 기간 동안 '나눔'과 '협력'을 통해 성장해 온 공유경제는 인터넷과 스마트기기의 보편화와 함께 더 많은 사람들이 참여함으로써 일상 속의 일반적인 서비스로 빠르게 자리 잡고 있다. 본 장에서는 공유경제의 잠재적 가치를 경제적·사회적·환경적 측면으로 구분하여 살펴보았다.

경제적 가치

공유경제의 경제적 가치는 공유경제의 출현배경에서부터 살펴볼 수 있다. 2008년 미국과 유럽의 금융 및 경제위기는 저소득층의 수입 감소로 이어졌고, 이는 절약형 제품과 서비스 이용에 대한 수요가 증가하는 결과를 가져왔다(Schor 2014). 즉 공유경제는 한 번 생산된 제품을 여러 번 공유하는 협력적 소비를 가져오고(Lessing 2008), 유휴자산을 수입으로 전환시키는 경제활동을 통하여 지속가능한 발전에 기여한다(조용수 2015).

공유경제의 경제적 영향에 대하여 일각에서는 GDP 감소와 기존의 자산수요를 감소시킨다는 점에서 실질적으로 경제적 이익이 감소하고, 수요 감소폭이 큰 경우 일자리에도 부정적인 영향을 미칠 수 있다는 비판의 목소리가 있다. 그럼에도 불구하고 Arun Sundararajan(2016)은 GDP로 대중 자본주의의 경제적 영향을 제대로 측정할 수 없지만 일반적으로 예측할 수 있는 경제적 영향이 존재한다고 언급하며, 이와 관련한 가장 대표적인 네 가지 경제 효과로 ① 유휴자산을 활용한 생산력 증가, ② 규모의 경제와 지역적 네트워크 효과, ③ 다양성의 증가에 따른 소비의 증가, ④ 기회의 민주화를 제시하였다.

그 외에도 한국개발연구원(2015)은 공유경제의 경제적 효과에 대하여 〈표 1-1〉과 같이 언급하고 있다.

표 1-1 공유경제의 경제적 효과

구분	긍정적 효과	부정적 효과
단기 자산이 주어진(fixed) 경우	**신규거래 창출효과**: 주어진 자산의 활용도를 높여 상호호혜적(mutually beneficial) 거래를 성사시키고 이에 따라 수요자, 자산보유자, 플랫폼기업의 후생(surplus)이 모두 증가	**기존 거래 구축효과**: 기존 공급자로부터 서비스를 구입했던 일부 수요자가 자산보유자로 구입 대상을 전환함에 따라 기존 공급자의 후생 감소
장기 자산이 가변(flexible), 자산을 생산하는 자원이 주어진 경우	**고부가가치생산 창출효과**: 주어진 자원을 경제적 가치가 보다 높은 자산의 생산에 대체 투입함으로써 경제성장 제고	**저부가가치생산 구축효과**: 기존 자산 생산업체의 생산 감소에 따른 경제성장 위축

출처: 한국개발연구원 (2015). 공유경제 관련 제도개선방안 연구.

다양한 연구를 통해 도출된 공유경제의 경제적 가치를 정리하여 제시하면 다음과 같다. 첫째, 공유경제는 자본의 생산적 이용을 가능하게 한다(Koopman et al. 2014). 공유경제는 기본적으로 이미 생산된 자산 중 유휴자산이나 유휴노동력에 대한 활용도를 향상시킴으로써 해당 자산의 시장가치를 증진시키는 것으로 판단되어 결과적으로 경제성장에 긍정적인 영향을 미치고 있다. 즉 공유경제 서비스는 유휴자산을 활용한다는 점에서 서비스 공급가격이 기존 서비스의 공급가격에 비해 저렴하며, 이러한 자산의 소유가 아닌 이용은 이용자 입장에서 더 낮은 요금으로 동일한 서비스, 물품을 활용할 수 있고, 소유에 따라 발생하는 유지, 관리, 보관 등의 2차적인 지출을 할 필요가 없게 된다. 수요자 측면뿐만 아니라 공급자 측면에서도 공유경제를 비즈니스 모델로 하는 서비스기업들이 등장함에 따라 경제 활성화에 기여하고 있으며, 사업의 성장에 따른 일자리 창출효과가 연쇄적으로 발생하고 있다.

둘째, 공유는 저렴한 거래비용과 다양한 제품 및 서비스를 바탕으로 규모의 경제(economies of scale)와 지역적 네트워크 효과를 얻을 수 있다고 평가되고 있다. 규모의 경제는 생산요소 투입량이 증대함에 따라 생산비 절약 또는 수익향상의 이익효과를 가져온다. 이는 다양한 공급자와 수요자 간의 네트워크를 형성하면서 공급자 간의 경쟁을 유발함과 동시에 전문화된 서비스에 대한 수요도를 충족시킬 수 있는 전문화(specialization)의 효과도 가져온다. 또한 네트워크 효과는 특정 제품에 대한 사용자가 많을수록 다른 사용자 역시 그 제품의 가치를 높게 평가하는 효과를 말한다.

셋째, 공유경제 활성화는 다양한 소비 유형의 창출과 소비량의 증가를 도모할 수 있다. 대표적으로 시간, 지식, 경험, 재능과 같은 무형의 자산들에 대해 기업과 개인, 개인과 개인 간의 거래가 가능해졌으며, 이에 따라 거래 가능한 자원의 범위, 활용 분야, 거래방법 등이 다양해지고 있고, 공유경제가 활성화되면서 시장 참여율이 증가할 것으로 예측되고 있다. 또한 공유경제를 통해 절약된 비용만큼 새로운 소비가 이루어져 소량이 증가할 것으로 예상되고 있으며, 저성장과 저소득시대의 새로운 소비 트렌드로 떠오르고 있다. 이와 함께 공유경제의 도입 및 활성화는 자원을 고부가가치 분야에 대체투입하도록 유도함으로써 투자에 공헌하는 효율성 전이효과와 기술혁신 촉진 효과를 발휘할 수 있다(한국개발연구원 2015).

넷째, 새로운 기회의 제공이다. 예를 들면 교육 플랫폼을 통해 보다 많은 사람들에게 교육의 기회를 제공하거나, 평범한 직장인들이 새로운 유형의 창업 기회를 얻으면서 1인 기업 또는 그 이상의 사업체로 키워나갈 수 있다. 또한 정보의 공유가 일반화되면서 생산성의 상승 또는 혁신적인 기술 개발 등의 효과를 얻고 있으며, 기존에 시장성이 낮다고 평가받았던 아이디어들이 새로운 수익창출의 수단이 되는 기회를 제공하고 있다.

사회적 가치

공유경제는 자원이 본래 가지고 있는 가치를 효율적으로 이용함으로써 경제적 가치 외에도 자원절약, 환경보호, 지속가능한 발전, 공동체 복원 등 사회적 커뮤니티적(관계적)·기술적·환경적 가치 등을 창출할 수 있다. 이에 대해 구계원(2011)도 개인이 자원을 소유하는 배타적 상황보다 상호 간 공유가 사회적으로 바람직하다며 사회적 차원에서 공유의 잠재적 가치를 언급하고 있다.

일반적으로 연구되는 공유경제의 사회적 가치는 먼저, 공통의 관심사를 가진 이용자들이 동일한 공유경제 플랫폼에 참여하고 이를 이용하면서 관련 정보를 서로에게 공유함에 따라 새로운 소통의 장이 마련되고, 이러한 커뮤니티 공간을 통해 이용자들의 생각과 불만을 수렴하여 해당 자원의 품질향상을 도모할 수 있다는 이점도 내포하고 있다. 무엇보다도 공유는 공동체의식을 형성하면서 사회적 유대감이 사회 전반에 걸쳐 강화 및 확대되는 효과를 가져오는 잠재적 가치를 지니고 있다(강병준, 최무현 2013). 자본주의 생산이 확대되면서 공동체의식은 약화되고 사생활 보호는 더 강화되었으며, 기존에 지역사회에 의존하던 서비스가 외부로 이전되면서 지역사회와의 연대 또한 약화되었다(Putnam 2000). 이런 과정을 거치면서 약화된 사회적 연대는 인터넷을 기반으로 빠르게 성장하는 공유경제 개념을 통해 사람들 간에 제품 및 서비스의 공유와 교환이 발생하고 있어(Demailly & Novel 2014), 공유경제가 사회공동체 강화에 긍정적인 영향을 끼칠 수 있다는 점에 무게를 더하였다.

이와 유사한 맥락으로 인터넷과 휴대전화의 보편화와 함께 공유자원 사용에 대한 접근성이 증대되면서 공유는 개인주의 사회체계에 따른 고립, 단절, 외로움과 같은 문제를 개선하는 데 긍정적 효과가 있다고 평가되고 있다. 또한 공유경제를 활용함으로써 재능기부나 사회협력을 지금보다 더 체계적으로 관리할 수 있으며, 이를 통해 협력적 사회 형성에도 크게 이바지할 수 있을 것으로 예측되고 있다. 이처럼 공유가 사회적 자본 회복에 직접적이고 가시적인 영향을 주지 않더라도 지역사회 중심의 사회경제적 활동 전개에 기여한다는 점에서 큰 의의를 갖는다.

환경적 가치

공유경제는 환경적 측면에서도 잠재적 파급력이 있다. 공유경제 가치 중에서 빼놓을 수 없는 환경적 가치는 크게 두 가지 측면으로, 효율적인 소비를 통해 자원을 절약하는 측면과 자연자원에 대한 공유를 통해 친환경적 지식과 기술을 확대하는 측면이다.

전통적인 자본주의 시스템은 대량생산 및 소비를 특징으로 비효율적인 자원활용과 환경오염 등의 사회문제를 유발하는 반면, 공유는 대량생산에 대한 의존도를 약화시키는 효과를 가져온다(Anderson 2013). 또한 산업사회에서 자원의 소모와 낭비가 심해지면서 환경위기가 고조되었고, 이러한 시점에서 공유경제는 자원의 재활용을 기본 개념으로, 버려지거나 이용률이 떨어지는 자원을 공유해 자원 자체의 생산성을 높임으로써 불필요한 소비를 줄이고 인구증가, 도시화, 자원고갈, 환경문제로 인한 지속가능성의 위기를 극복할 수 있는 대안으로 대두되었다(Rothenberg 2007).

또한 제품의 공유는 한 제품의 사용 기간을 증가시키는 효과가 있다. 제품의 사용 기간이 길어지면 제품에 대한 생산이 감소하고, 이는 소비의 감소로 이어진다. 프랑스 국립통계경제연구소(INSEE)에 의하면 2012년 프랑스의 각 가정이 소비하는 돈의 약 25%는 공유가 가능한 제품이나 서비스에 대한 지출로 조사되었다. 만약 이들의 제품과 서비스가 공유되어 자원의 사용 기간이 2배로 늘어나게 되면, 가구당 지출의 10%는 감소할 것으로 예상된다(Demailly & Novel 2014). 즉 소유 기반 경제환경에서는 소유를 위해 다양한 물건을 대량으로 끊임없이 만들어내야 했지만, 공유경제에서는 소유가 아닌 빌리고 교환하는 개념으로 접근하여 생산된 제품의 활용도를 극대화하고

자원낭비를 최소화할 수 있는 것이다.

이처럼 공유경제는 생산된 제품의 활용률을 극대화하고, 공유재화가 많아질수록 생산량이 감소되어 자원낭비와 환경문제를 줄이고 지속가능한 발전에 기여할 수 있는 것으로 인식되고 있다. 특히 교통부문의 공유는 불필요한 교통유발을 줄이면서 교통비용의 최적화를 통한 환경오염을 줄이는 것으로 나타났다(Demailly & Novel 2014).

다른 측면에서 자연자원에 대한 공유가 필요한 이유로 공유과정에서 자연자산에 대한 인식 제고를 도모할 수 있으며, 정보 공유를 통해 친환경적 지식과 기술을 확대할 수 있다(구계원 역 2011).

공유를 통한 '소유'에 대한 인식 변화

공유경제 서비스는 소비 패턴을 소유에서 공유 형태로 전환시킴으로써 대중들의 '소유'에 대한 인식 변화를 이끌었으며, '공유'라는 개념에 대한 일상적이고 긍정적인 이미지를 심어주고 있다.

소유하지 않아도 필요한 자원을 이용할 수 있게 됨으로써 사용 빈도가 낮고 보관이 불편하며 가격이 높은 자원을 중심으로 소유하지 않고 임대하는 새로운 소비 트렌드가 등장하였다. 미국의 미시간대학교 부설자동차산업연구소(CAR)의 조사에 따르면, 2021년 기준으로 공유차량 1대가 미국에서는 7.75대, 유럽에서는 2.71대, 아시아·오세아니아 지역에서는 2.78대의 자가용을 대체할 것으로 분석되었다. 또한 카셰어링을 이용하는 가구의 41%가 자가용 구입을 미루거나 취소할 의사가 있으며, 35%는 카셰어링을 이용하지 못하게 될 경우 자가용을 구입할 의사가 있다고 응답하여 공유경제가 소비경제의 많은 부분을 대체할 수 있다(Spulber et al. 2016)는 가능성과 함께 이용자들의 인식 변화에 영향을 주고 있는 것으로 나타났다.

2 CHAPTER 세상을 변화시킬 아이디어, 공유경제

공유경제(Sharing Economy)는 향후 10년을 지배할 지속가능한 시스템, 그리고 세상을 변화시킬 10가지 아이디어 중 하나로 평가받고 있다. 공유경제는 2008년 미국 하버드 법대 로렌스 레식(Lawrence Lessig) 교수에 의해 처음 사용된 용어로, 한 번 생산된 제품을 여럿이 공유해 쓰는 협업소비를 기본으로 한 경제방식을 의미하며, "물품을 소유하는 개념이 아닌 서로 대여해 주고 차용해 쓰는 개념으로 경제활동을 하는 것"으로 정의되었다. 공유경제의 핵심은 활용되지 않는 유휴자원을 타인과 공유하여 그 효용을 높이는 경제모델로, 자원을 소유하지 않고 공유·교환·대여하는 형태를 기반으로 불필요한 소비를 줄이고 궁극적으로는 사회공동의 이익증가에 기여하는 경제활동이다.

인터넷과 새로운 통신기술의 발전으로 글로벌 소셜 공간의 시대가 더욱 활성화되는 환경 속에서 공유경제는 더욱 널리 퍼져나갈 것으로 보인다(Rifkin 2011).

본 장에서는 공유경제의 출현 배경과 공유경제 개념의 정립과정을 살펴보고자 한다.

1 공유경제의 출현 배경

공유경제는 새롭게 나타난 개념이 아니라 우리의 전통적인 공동체활동인 품앗이나 아나바다운동 등에서도 찾아볼 수 있으며, 이탈리아의 포콜라레(Focolare)운동에서 시작되었다고 할 수 있다.

경제불황

공유경제 출현 배경 중 하나는 세계 경제위기로 볼 수 있다. 미국에서 시작된 경제위기는 다른 나라에서도 빠르게 전개되었고, 2008년 전 세계에 대규모 경제불황이 찾아왔다. 이러한 세계 경제위기는 연쇄적으로 세계 기업 경기의 하락과 개인의 가계소득 및 소비력 감소로 이어졌다. 이에 따라 기업 저성장, 실업 및 취업난은 소비 형태를 경쟁적 소유와 과소비의 형태에서 필요한 만큼만 적정하게 소비하는 합리적인 소비 형태로 전환하는 계기를 마련하였다. 이는 재화를 소유하기보다 필요한 만큼 이용하고, 낭비되고 있는 자원을 대여 또는 재판매함으로써 가처분소득을 늘리는 효과를 거둘 수 있었다(Botsman & Rogers 2010a).

친환경 트렌드

전통적인 자본주의의 소유경제는 과잉소비와 함께 자원의 낭비와 대량의 쓰레기를 발생시켰으며, 이에 따른 이산화탄소 배출증가로 각종 자연재해를 낳았다. 이에 소유가 아닌 이미 생산된 자원을 효과적으로 활용하는 방식인 공유경제가 환경문제의 대안으로 제시되었다. 즉 공유경제는 앞서 언급했던 것처럼 자원생산성을 극대화함으로써 지속가능한 환경을 실현하는 데 기여하고 있다.

디지털사회, 기술적 요인

인터넷의 보편화와 IT기술의 발전으로 플랫폼 기반 서비스(Application) 및 소셜 네트워크 서비스(Social Network Service)의 등장과 성장은 공유경제 발전에 긍정적인 영향을 미쳤다. 이처럼 애플 앱스토어와 구글 플레이스토어를 기반으로 모바일 중심의 IT 플랫폼 비즈니스가 활성화되면서, 사용자가 스마트폰으로 온라인상에서 필요한 기능을 구현할 수 있는 소프트웨어를 선택·구매하는 거래 모델이 확산되었다. 즉 IT 플랫폼을 통해 PC나 스마트폰을 이용하여 유휴자원의 정보 확인, 신용정보 확인, 온라인 결제 등이 실시간으로 가능해져 공유서비스 플랫폼상에서 개인 간의 자유로운 거래가 가능한 환경이 구축되었다.

또한 온라인상에서 개인정보 습득 및 제공이 용이해짐에 따라 개인의 전문성이 크게 향상되면서, 전문기업뿐만 아니라 개인도 거래의 주체로 참여하게 되었고, 이는 지역사회에서만 이루어지던 공유경제라는 개념이 일상생활로 확산되는 데 기여하였다.

'공유가치성장' 개념의 등장

세계 자본주의는 역사적으로 정치·경제적 상황, 요구, 인식 등에 따라 제1세대 자본주의에서부터 제3세대의 '경제의 시대'를 넘어 제4세대 '협력의 시대'를 모색하고 있다. 효율이 중요시되던 시대의 한계가 나타나면서 이는 시장이 "참여시대에 어떻게 협력할 것인가"를 고민하게 되었다. 이에 따라 기업의 경영전략에서도 소비자 참여를 확대하고 기업 구성원 간의 가치를 공유하여 창의적 결과를 지향하며, 협력사들과의 가치 중심의 파트너십을 강조하고 있다(Kortler 2010).

이처럼 세계 경제는 제4세대 자본주의로의 인식 전환을 촉구하고 있다. '공유가치성장(Shared value growth)'은 이러한 인식 전환에 요구되는 개념으로 새로운 세계 자본주의의 성장 모델로 모색될 수 있다고 판단되고 있다. 공유가치성장은 몇 가지 특성으로 이해할 수 있다. 첫째, 공유가치의 원칙은 사회의 요구를 수용하여 문제를 해결하고 경제적·사회적 가치를 동시에 창출하는 원칙이다. 둘째, 기업·구성원·주주·협력사·고객 등의 이해관계자들이 공유가치를 창출하고, 이 가치가 경제적·사회적 가치로 균등하게 배분되어 궁극적으로 지속가능한 사회적 변화를 도모하는 포용적 성장(inclusive growth)을 말한다(Borgonovi et al. 2011). 셋째, 공유가치성장에 있어 기업은 기존의 자본주의에 대한 인식 대신 경제적·사회적 가치를 모두 추구해야 하며, 기업의 목적이 단순히 수익 추구가 아니라 공유가치창조로 바뀌어야 한다. 또한 정부는 기업이 공유가치를 창출하는 중요한 주체임을 고려하여 정책을 통해 뒷받침해야 한다(Porter & Kramer 2011).

따뜻함과 온기, 포콜라레운동

포콜라레운동(Focolare Movement)은 1943년 이탈리아 북부의 트렌토에서 범종파적 기독교 개혁 및 수도단체의 하나로서 사회혁신을 이루기 위한 새인류운동과 새가정운동, 청소년운동, 교회공동체 개혁운동을 전개하였다. 포콜라레는 '난로'를 뜻하는 이탈리아어로, 이 운동을 흔히 '국제마리아의 사업회' 또는 새로운 세대를 뜻하는 '젠(GEN)'운동이라고도 한다.

포콜라레운동은 1940년대 키아라 루빅(Chiara Lubich)을 중심으로 전쟁으로 생긴 비극과 고통을 덜어주며, 인류의 모든 구성원들 사이의 연대와 상호존중을 목표로 작은 공동체를 구성하였고, 이를 포콜라레운동의 출현 배경으로 보고 있다(Robertson 1978). 이러한 포콜라레운동은 이탈리아에서, 그리고 가톨릭교회 내부에서 시작되었지만 기독교의 모든 교파로 퍼져 나갔고,

이후에는 다른 종교에도 전파되며 평화와 정의를 상징함에 따라 공동헌신의 가치 아래 전 세계 사람들을 하나로 묶게 되었다. 점차 지리적 차원이나 참여방법이 확장되어 2000년에는 포콜라레운동에 적극적으로 동참하는 사람들 수가 400만 명을 넘었으며, 지역 또한 북부 이탈리아에서 라틴아메리카, 서부 유럽 등으로 확장되었다(Focolare 1994).

이처럼 포콜라레운동의 다양한 계획과 프로젝트는 모두 한 가지 기본적인 목표와 목적을 공유하고 있다. 인종적 다름, 경제적 차이, 성별의 다름, 세대 간의 차이, 정치적 성향 등 모든 계층의 인류를 좀 더 일치시키고자 하는 것이다. 포콜라레운동은 수년간 평화와 연대, 존중, 나눔과 같은 가치에 뿌리를 두고 인도주의 문화적 비전을 알리기 위한 계획과 프로젝트를 발전시켜 왔다. 이러한 포콜라레의 활동은 지금까지 이어지고 있으며, 향후 더 큰 사회적 통합은 다양한 단계에서 셀 수 없이 많은 양상으로 고양될 수 있다.

2 공유경제의 개념

명확한 정의 부재

공유경제는 학계 및 업계 전반에서 다양한 명칭과 정의로 설명되고 있다. 예컨대 공유경제는 협력적 경제(Collaborative Economy), 플랫폼경제, 개인 간 온라인 거래(Peer-to-Peer(P2P) Economy) 등 상이한 의미를 가진 여러 이름으로 지칭되고 있어, 합의 또는 일치된 정의가 존재하고 있지 않다. 이러한 현상에 대해 Russell Belk(2014)는 공유 개념이 상이한 기능과 동인에서 비롯되는 여러 사회적 현상에 혼용되고 있으며, 실제 '공유'라는 것으로 설명되고 있는 여러 현상은 전혀 공유가 아니고 단지 바람직한 사회적 용어를 전용할 뿐이라고 주장하였다. 차량 공유기업인 집카는 일각에서 공유 플

표 2-1 공유경제 유사 개념

구분	개념
동료생산 (Peer Production)	• 집중화된 대규모 물적 자본이 아닌 분산된 소규모 물적 자본으로 생산될 수 있는 재화나 서비스에 대해 물적 자본의 공유를 통하여 사회 기반의 생산이 이루어지는 것
공동경제 (Collective Economy)	• 플랫폼을 매개로 소비자들끼리 서로 재화와 서비스를 공급하기 시작한 단계 • 가격, 편의성, 브랜드가 주요 경쟁력 요인이며, 기존의 기업들 역시 플랫폼 런칭을 통해 시장지배력을 유지할 수 있음
온디맨드경제 (On-demand Economy)	• 생산자와 소비자를 연결(access)해 줌으로써 기존 시장 대비 가격경쟁력을 갖춘 소비를 가능하게 하는 경제 • 사람과 사람 사이의 관계나 유대보다는 가격경쟁력과 편의성이 우선되는 데에서 공유경제와 근본적인 차이가 있음

출처: 정석완 (2018). 공유경제 개념의 변화와 한국의 공유경제.

랫폼의 대표적 사례로 거론되고 있지만, Sundararajan(2014)은 공유 플랫폼 기업은 개인 간 거래를 중개하는 반면, 집카는 기업이 직접 개인에게 차량을 대여한다는 측면에서 집카가 공유경제의 사례가 아니라고 주장한다. 이처럼 공유경제에 대한 정의와 범위를 어떻게 설정하느냐에 따라 해석이 상이하게 나타날 수 있다.

또한 공유경제의 범위에 따라 소득 발생 및 대상이 달라진다. 예를 들어 개인 간 거래(P2P)로 해석하면 개인 공급자에게 추가적으로 소득이 발생하고 가계소득에 도움이 되는 반면, 기업과 개인 간의 거래(Business to Peer, B2P)도 함께 인정할 경우, 기업이 직접 개인에게 차량을 대여하므로 개인의 소득 증대효과는 기대할 수 없는 형태로 나타난다.

이러한 공유경제 정의에 앞서 공유경제의 핵심적 특성을 살펴보면, 특정 서비스의 수요자, 해당 서비스를 창출하는 유휴자산, 공급자, 시장거래, ICT 플랫폼을 통한 중개 등 5가지 요소로 볼 수 있다(한국개발연구원 2015).

- **특정 서비스의 수요자**: 상대적으로 저렴한 물품 또는 서비스를 희망하는 수요자

그림 2-1 공유경제 정의의 도식화

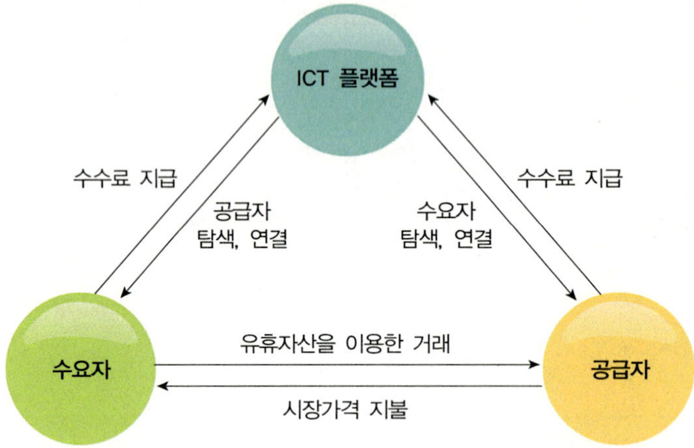

출처: 한국개발연구원 (2015). 공유경제 관련 제도개선방안 연구.

- **해당 서비스를 창출하는 유휴자산**: 상기 특정 서비스를 창출할 수 있는 자산 중 (일시적으로) 사용되지 않고 있는 자산
- **공급자**: 유휴자산 보유자
- **시장거래**: 수요자가 공급자에게 시장가격을 지불하고 유휴자산이 창출하는 서비스를 소비하는 것
- **ICT 플랫폼을 통한 중개**: 스마트폰 앱, 인터넷 웹사이트 등 정보통신기술(ICT)을 활용한 플랫폼을 통해 수요자나 공급자가 거래상대방을 실시간으로 탐색하여 거래중개하는 것

공유경제란?

공유경제는 최근 신산업이자 새로운 유형의 생태계로 급부상하고 있으며, 유휴자산 보유자와 해당 자산을 사용하기 원하는 수요자를 스마트폰 등 정보통신기술(ICT) 기반 플랫폼을 통해 중개하는 상호호혜적 거래를 지칭한다.

공유경제라는 개념적 어휘는 2008년 미국 하버드대학교 법학과 교수인 로

렌스 레식(Lawrence Lessig)의 저서 『REMIX』를 통해 최초로 언급되었다. 레식은 경제를 상업경제(Commercial Economy)와 공유경제(Sharing Economy)로 구분하면서, 공유경제를 상업경제와 대치되는 개념으로 이해하였다. 즉 돈, 노동, 수요, 공업에 따라 작동하여 생산과 소비에 초점을 둔 상업적 경제와 달리 공유경제는 이미 생산된 재화를 여러 사람이 함께 공유하여 사용하는 협력적 소비로, 자원의 사용가치를 극대화하는 소비문화이자 경제방식이라고 정의했다. 특히 그는 공유경제를 설명하기 위하여 위키피디아 사례를 근거로 제시하였다. 위키피디아가 집단지성을 활용하여 브리태니커보다 방대한 지식을 쌓고 있지만, 만들어진 위키피디아에 대한 참여자 누구도 소유권을 주장하지는 않는다는 것이다. 이와 마찬가지로 공유경제에서 거래되는 모든 재화는 누구의 소유도 아니고, 비용 등과 같은 경제적인 도구만으로 거래되는 것도 아니라고 보았다(Lessig 2008).

레식의 정의 이후 국내외 많은 학자들은 공유경제에 대한 다양한 정의를 내렸다.

공유경제 정의에서 나타난 공통적인 키워드를 살펴보면, 협력적 소비, 유휴자원, 신뢰, 전통적 경제(소유경제)와 비교되는 개념, IT기술과 소셜네트워크, 인터넷, 스마트폰 등으로 정리할 수 있다. 다양한 정의를 기반으로 공유경제에 대한 정의를 종합하면, "ICT와 협력적 소비를 기반으로 공간, 물건, 정보, 재능, 경험, 서비스 등 유·무형의 유휴자원을 공유함으로써 기존의 자원이 창출할 수 있는 이용가치와 혜택을 극대화함과 동시에 경제적·사회적·커뮤니티·기술적·환경적 측면에서 새로운 부가가치를 창출하는 경제활동"이라고 할 수 있다(노영희, 정대근, 노지윤 2018).

표 2-2 공유경제의 정의

연구자	정의
Botsman, Rogers (2010a)	자신이 소유하고 있는 재화에 대한 접근권이나 사용권을 타인과 공유·교환·대여함으로써 새로운 가치를 창출해내는 경제시스템으로, 공유경제의 작동원리이자 핵심적 가치가 되는 '협력적 소비'를 바탕으로 함
Rifkin (2011)	인터넷과 다양한 새로운 통신기술 덕분에 지구상 모든 인간과 인간의 신경시스템의 연결 속도가 빨라져서 우리는 글로벌 소셜 공간의 시대에 접어들었으며 세계 어디서나 동시에 무언가를 공유할 수 있게 됨
Kim, Kim (2013)	여러 사용자가 자원을 공유하여 기존 자원을 지속적으로 가치 있게 활용하고, 소유경제의 비효율성을 보완하려는 대안적 소비
Matofska (2014)	인적·물적 자원을 공유하는 사회·경제적 생태계(Socio-economic Ecosystem)를 만드는 것이며, 다른 사람과 조직에 의해서 공유의 창조(Shared Creation), 생산, 분배, 교환 및 용역의 소비를 포함
강병진, 최무현 (2013)	공유경제와 사회적 기업은 핵심가치를 공유하기 때문에 공유경제의 원리를 사회적 기업의 비즈니스에 적극 활용할 수 있으며, 공유경제는 공동체주의, 공유가치 창조, 협력적 소비와 연관관계를 가지고 있음
권애라(2013)	공유경제를 기존에 생산된 활용되지 않는 재화나 지식·경험·시간 등의 무형자원을 개인이 소유하는 것이 아니라 대여하고 차용하여 사용하는 경제 개념이라고 정의하면서, 공유경제의 목적은 기존의 자원을 지속가능한 방법으로 활용하기 위함이라고 설명
김형균, 오재환 (2013)	신뢰를 전제로 협력적 소비, 효율적인 분배, 자원절약의 가치를 창출하는 경제적인 활동이며, 물건이나 공간, 지식을 소유가 아닌 네트워크를 통하여 대여 또는 교환하여 상호적인 편익과 적정의 이윤을 얻는 비즈니스 모델이자 생활방식
김경호 (2016)	물품을 소유의 개념이 아닌 서로 대여해 주고 차용해 쓰는 개념으로 인식하여 경제활동을 하는 것을 가리키며, 현재는 "물건이나 공간, 서비스를 빌리고 나눠 쓰는 인터넷과 스마트폰 기반의 사회적 경제 모델"
노영희 (2016)	공유경제란 물품을 소유의 개념이 아닌 서로 대여해 주고 차용해 쓰는 개념의 경제활동을 하는 것이며, 공간, 물건, 정보 등을 함께 나누어 편익을 증진하는 경제활동으로 정보통신기술과 협력적 소비를 기반으로 현명한 소비자들이 자신의 유휴자원을 공유하며, 신뢰를 통해 새로운 가치를 창출해내는 경제활동
김갑환, 김학봉, 우창훈 (2017)	공유경제를 특정한 개인이나 조직이 소유하고 있는 자원에 대한 접근권이나 사용권을 타인이나 타 회사와 공유하고 교환, 대여를 하는 것을 의미하며 사회연결망(SNS)을 이용한 협력적 소비의 한 경제 형태

3 공유경제와 플랫폼

공유경제와 플랫폼의 만남

공유경제는 '혁신과 효율이 융합하는 경제'를 지향하며 그것을 가능하게 하는 것이 플랫폼이다. 플랫폼을 통해 공급자는 핵심역량에 집중할 수 있고 사용자는 저비용·고효율의 제품과 서비스를 공급받는다. 결과적으로 공유경제, 플랫폼경제에서는 사회 전체의 후생이 증대되는 구조를 이룬다.

오프라인에서는 공유를 위한 연결비용이 높았으나 앱스토어와 구글플레이 등의 플랫폼은 이를 해소함과 동시에 스마트혁명의 에너지를 받아 폭발적인 성장을 하고 있고, 플랫폼은 정보에서 인간과 소비를 거쳐 생산 단계까지 확대되고 있다. 또한 플랫폼은 ① 반복되는 공통역량을 공유하고, ② 공유로 얻어지는 효율을 분배하여, ③ 개별 사업자는 혁신역량에 집중할 수 있게 하는 기업 생태계의 개념으로 언급되고 있다(이민화 2018).

즉 플랫폼이란 공유와 협력을 위한 체계화된 온·오프라인 공간으로 참여자 간의 인프라 및 장비 등의 거래와 활동을 연결하는 네트워크를 기반으로 참여자들의 효율을 극대화하고 가치를 창출하는 장이라고 할 수 있다.

이러한 플랫폼의 유형은 크게 혁신 플랫폼, 시장(유통) 플랫폼, 결제 플랫폼, 커뮤니티 플랫폼 등으로 나누어 볼 수 있다. 먼저 혁신 플랫폼은 창업 및 신사업 개발 시 필요한 공통요소들을 플랫폼화하여 빠른 제품 개발과 실행 등을 지원해 주는 것으로, 창업비용과 리스크를 줄임으로써 창업기업이 핵심역량에만 집중할 수 있도록 한다. 다음으로 시장(유통) 플랫폼은 다수의 이용자를 확보하여 서비스를 제공할 수 있는 제공자로서 네트워크 효과를 누린다. 판매자는 플랫폼을 통해 낮은 비용으로 판매하여 수익을 창출하며, 반복되는 요소를 공유함으로써 효율을 높일 수 있다. 그 외에도 결제 플랫폼, SNS와 같은 커뮤니티 플랫폼, '연결'이라는 요소를 공유하는 연결 플랫폼, 편리하고 자유롭게 물건을 사고팔 수 있는 플랫폼을 제공하는 중개 플랫폼 등이 있다(이민화 2018).

공유경제, 플랫폼 비즈니스

공유경제 모델은 서로 다른 성질을 갖는 이용자 그룹 간에 일어나는 양면시장(Two-Sided Market) 모델이다. 잉여자산(Surplus Asset)을 가진 Supply Side User와 이를 필요로 하는 Demand Side User를 연결하는 양면시장으로 존재하며, 양면(Two-Sided)의 서로 다른 성질을 지닌 이용자 간에 교차 네트워크 효과가 플랫폼으로 내부화됨으로써 양측 중 어느 한 측에 최적비용을 부과한다(김진영 2015).

이러한 공유경제 플랫폼의 작동방식을 그림으로 제시하면 공유경제 [그림 2-2]와 같다.

공유경제의 비즈니스는 자원을 빌려주는 사람(제공자), 자원을 빌려 쓰는 사람(대여자), 그 둘을 중개하는 온라인 공유 플랫폼(공유기업)이 모두 이익

그림 2-2 공유경제 플랫폼으로서의 작동방식

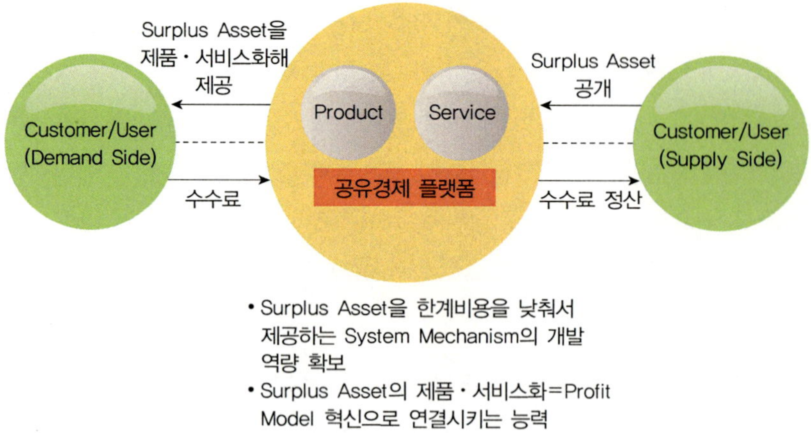

출처: 로아컨설팅.

을 얻을 수 있는 구조이다. 기업은 공유경제 플랫폼을 기반으로 유휴자원을 보유한 대여자와 자원이 필요한 이용자를 연결한다. 자원의 활용이 필요한 이용자는 공유경제 플랫폼에 존재하는 대여자의 자원 중 조건에 맞는 것을 선택하고, 조건이 맞지 않는 경우는 가격을 협상한다. 이러한 협상을 통하여 플랫폼이 제공하는 다양한 방식으로 결제를 하게 된다. 결제금액 중 공유 플랫홈업체는 10~20%의 수수료를 취하여 운영하며, 나머지는 대여자에게 전달하게 된다. 이용자는 공유경제 플랫폼 사용에 따른 후기를 통해 사용자원에 대한 만족도와 대여자의 신뢰수준에 대한 피드백을 제공한다. 이러한 비즈니스 모델을 통해 제공자는 거래수익 확보와 자원판매를 위한 홍보 및 마케팅비용의 절약이 가능하며, 이용자는 유통마진이 제거된 저렴한 가격으로 필요한 기간만큼 다양한 자원을 활용할 수 있다.

이처럼 공유경제는 기술적으로 스마트폰기술을 중심으로 ICT를 사용한다는 점, 경제적으로는 수요견인경제라는 점, 새로운 생산이 아닌 기존의 유휴자원을 활용한다는 점, 운영에 있어서는 플랫폼을 매개로 다수의 서비스 제공자와 다수의 이용자가 참여한다는 점, 그리고 SNS을 통한 이용후기 정보와 신뢰를 기반으로 하고 있다는 점에서 고유한 특성이 있다고 할 수 있다.

3
CHAPTER

공유경제 적용 분야

1 공유 범위의 확대

공유거래 대상 및 분야 확대

초기의 공유경제는 물적 자산이 거래의 중심이었으나 시장 규모의 성장과 개인 또는 기업의 활발한 참여로 다양한 비즈니스 모델이 나타났고, 이에 따라 공유거래 대상 및 분야가 점차 확대되고 있다(산업연구원 2017). 공유경제의 영역과 모델을 확인할 수 있는 대표적 모형인 'Collaborative Economy Honeycomb'은 Growd company 창립자인 Jeremiah Owyang이 2014년 자신이 운영하는 블로그를 통해 인포그래픽 보고서를 제시하면서 알려졌다. 그는 공유경제 프레임워크를 벌집 모양으로 표현하여 공유경제의 확산을 설명하였으며, 2014년에 Version 1.0을 시작으로 진화하는 공유 및 협력 형태를 반영하여 Honeycomb 1 → Honeycomb 2 → Honeycomb 3의 단계로 계속적으로 발전하였다.

초기 Honeycomb 1.0의 '공유경제 벌집' 프레임워크는 총 6개의 주요 공유경제 영역으로 구분하였으며, 여기에는 Transportation, Services, Food, Goods, Money, Space가 해당한다. 이후 Honeycomb 2.0은 기존의 6개 부문에 추가적으로 6개 영역을 더하여 총 12개의 공유경제 주요 영역으로 확

그림 3-1 Honeycomb 3.0

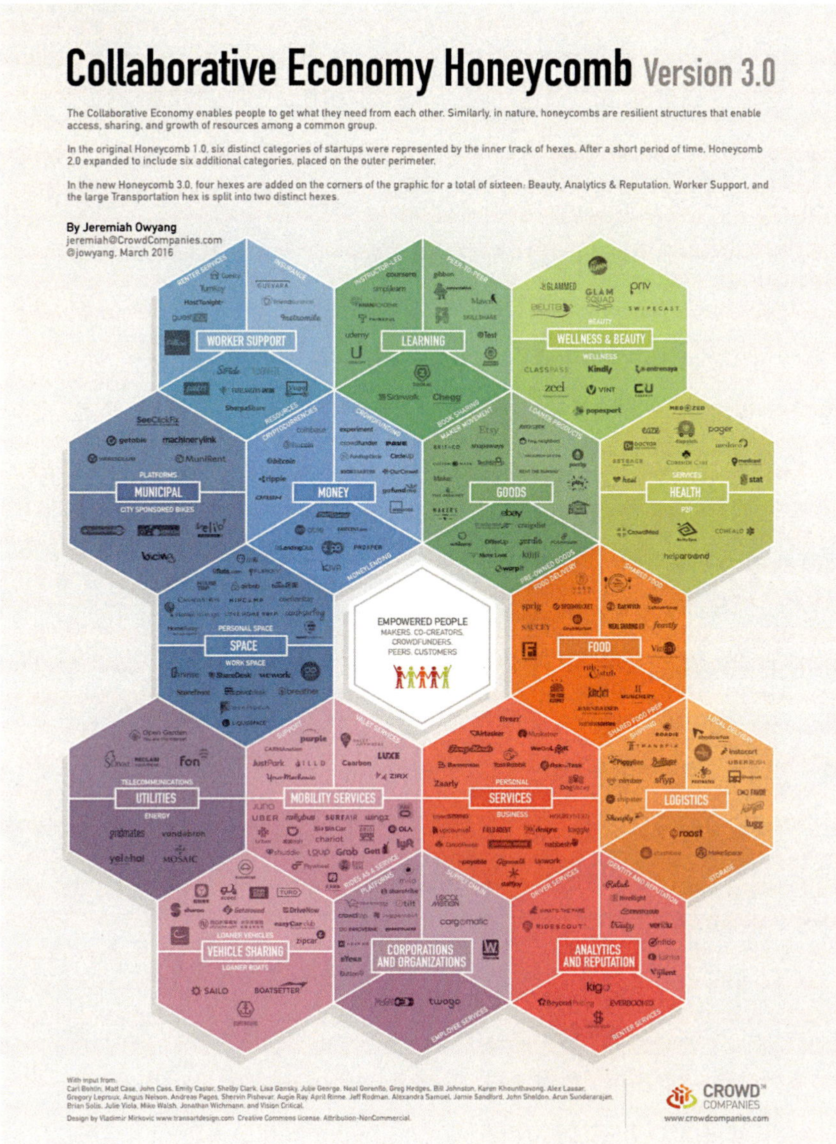

장되었다. 새롭게 추가된 6개 영역은 Health & Wellness, Logistic, Corporate, Utilities, Municipal, Learning이다. Honeycomb 2.0의 특징은 기존에 음식, 교통, 공간 등의 물질적 대상 중심에서 건강 및 복지, 학습 등의 비물질적 대상을 포함한 다양한 비즈니스 모델로 확대되었으며, 대상의 확대와 더불어 'Corporate,' 'Municipal'과 같은 공유경제 참여자의 확대를 고려하였다는 것이다.

이후 2016년에 새롭게 제시된 Honeycomb 3.0에는 새로운 분야로 '작업자 지원(Worker Support)'과 '분석 및 평판(Analytics & Reputation)'과 같은 비물질적 대상을 중심으로 추가되었고, 재구성된 분야는 '건강 및 웰니스'가 '웰니스 및 뷰티'와 '헬스'로, '운송'이 '이동성 서비스'와 '차량 공유'로 세분화되었으며, '기업'이 '기업 및 조직'으로 변경되었다. 이처럼 지속적인 범위 보완은 하나의 프레임워크를 통해 공유기업의 비즈니스 모델과 의미를 보다 명확하고 포괄적으로 이해할 수 있도록 도와주고 있다.

Honeycomb 3.0에 이어 최근 다시 협력경제 Honeycomb 4.0이 대두되고 있다. Honeycomb 4.0의 가장 큰 특징은 Peer-to-Peer를 가능하게 하는 발달된 기술이며, 이는 사용자들이 서로 간에 상품과 서비스를 구매·판매·임대·교환할 수 있는 2차 시장을 만드는 데 성공 요인으로 작용하고 있다(Todd 2016). 또한 우리는 이러한 메커니즘을 통해 기업과 사람들이 만나고, 아이디어, 상품들을 교환함으로써 상호호혜적 거래를 이룰 수 있다.

그 외에도 공유경제의 영역과 모델을 확인할 수 있는 모형으로 2013년에 Rachel Botsman은 경제활동을 협력생산, 협력소비, 협력금융, 협력교육인 4개 영역으로 구분하여 '협력경제' 구성에 관하여 발표한 바 있다.

- 넷위계형 자본주의(Netarchical Capitalism): 생산 인프라가 단일 사업자에 의하여 통제되는 형태로, 사용자들은 인프라상에서 서로 상호작용할 수는 있으나 인프라의 목적인 자본축적과 화폐가치는 인프라를 통제하는 사업자에게 집중(예 구글, 페이스북)

- **분산형 자본주의**(Distiributed Capitalism): 경제적 가치를 목적으로 한다는 점에서 넷위계형 자본주의와 유사하나, 각 참가자들에게 인프라의 통제권한이 주어지고 화폐가치 역시 개별 프로젝트에서 생성(예 킥스타터, 비트코인)
- **회복탄력성 공동체**(Resilient Communities): 지역공동체의 생존과 지속가능성에 초점을 맞춤으로써 경제적 성장을 목표로 하지 않는 분산적인 지역 개조 시나리오(예 영속 농업운동, 그라민뱅크)
- **지구적 공유지**(Global Commons): 실제 생산은 지역수준으로 분산되지만, 근본적으로 전 세계 범위의 네트워크화를 통하여 초국가적 규모에서 생산이 이루어지는 모델(예 위키피디아, 오픈소스 소프트웨어 개발)

2 공유경제의 유형

공유경제 자원은 공간, 교통수단, 물품 등 유형적인 것에서 지식, 경험 등 무형적인 것에 이르기까지 다양하다. 공유경제 서비스 유형은 재화나 상품의 단기 임대 및 대여, 재화의 재활용 및 재분배, 지식과 투자의 공유 등의 3가지 유형으로 구분된다(Botsman & Rogers 2010a).

첫째, 제품 혹은 서비스를 소유하지 않고 이용가치만을 소비하는 제품서비스시스템(product service systems) 형태이다. 우버나 에어비앤비와 같이 재화나 상품을 단기 임대 및 대여하는 방식은 자원의 일시적인 공유를 의미하며, 구체적인 운영방식은 한 회사가 소유한 다양한 제품을 공유한다거나(카셰어링, 태양열발전, 빨래방), 개인이 소유한 제품을 공유하거나 대여하는 방식(Zilok, Relayrides) 등이 이에 해당한다.

표 3-1 공유경제의 유형: 제품서비스 통합시스템

<table>
<tr><th rowspan="2">서비스 유형
(제공서비스)</th><th rowspan="2">거래방식</th><th rowspan="2">참여자</th><th rowspan="2">공유자원</th><th colspan="2">공유기업</th></tr>
<tr><th>국외</th><th>국내</th></tr>
<tr><td rowspan="5">제품서비스
통합시스템
(product service systems)</td><td rowspan="5">이용자들이 제품 혹은 서비스를 소유하지 않고 이용할 수 있는 방식</td><td rowspan="5">개별 공급자와 다수의 사용자</td><td>자동차 셰어링</td><td>• Uber
• Lyft
• Zipcar
• Streetcar
• GoGet</td><td>• 쏘카
• 그린카</td></tr>
<tr><td>자전거 셰어링</td><td>• Velib
• ofo
• Barclays
• Cycle Hire</td><td>• 라이클
• 서울바이크
• 푸른바이크 셰어링</td></tr>
<tr><td>장난감대여</td><td>• DimDom
• BabyPlays</td><td>• 쏘시오
• 희망장난감 도서관</td></tr>
<tr><td>도서대여</td><td>• Chegg
• Zookal</td><td>• 국민도서관 책꽂이</td></tr>
<tr><td>태양에너지 공급</td><td>• SolarCity
• Solar
• Century</td><td>–</td></tr>
</table>

둘째, 개인적으로 유용하지 않은 물품을 필요한 사람에게 소유권을 이전하는 재분배시장(redistribution markets)이다. 주로 중고물품 거래가 이에 해당하는데, 경매, 물물교환시장, 무료·상품권교환 등이 이에 속한다.

표 3-2 공유경제의 유형: 재분배시장

<table>
<tr><th rowspan="2">서비스 유형
(제공서비스)</th><th rowspan="2">거래방식</th><th rowspan="2">참여자</th><th rowspan="2">공유자원</th><th colspan="2">공유기업</th></tr>
<tr><th>국외</th><th>국내</th></tr>
<tr><td rowspan="3">재분배시장
(redistribution markets)</td><td rowspan="3">필요하지 않은 제품을 필요한 사람에게 재분배하는 방식</td><td rowspan="3">개별 공급자와 개별 사용자</td><td>경매시장</td><td>• ebay
• craiglist
• flippid</td><td>• 옥션
• 지마켓
• 11번가</td></tr>
<tr><td>물물교환시장</td><td>• Threadup
• Swapstyle</td><td>• 키플
• 열린옷장</td></tr>
<tr><td>무료·
상품권교환</td><td>• Freecycle
• Giftflow</td><td>• 기브</td></tr>
</table>

구체적인 방식으로는 모든 물품을 무료로 주고받거나 현금이나 포인트로 물품을 구매하는 것, 액세서리, 옷, 책, 장난감, 게임, 배냇저고리, DVD 등 비슷한 물품을 교환하는 것, 값어치가 비슷한 다른 물품과 교환하는 것 등을 들 수 있다.

셋째, 커뮤니티 내 개인 간의 협력을 통해 유·무형의 자원을 타인과 공유하는 협력적 라이프스타일(collaborative lifestyles) 형태이다(Botsman & Rogers 2010b; Ko 2014). 위키피디아나 크라우드펀딩 같은 지식과 투자의 공유방식으로 제품생산 시 아이디어를 협력하거나 자금을 협조하는 등 선택적으로 공유 및 협업하는 방법을 들 수 있다. 구체적으로는 사무실 공유, 물품교환, 과제와 시간 공유, 심부름, 기술교환, 음식 나눔, 정원 공유, 주차장 공유, 여행 관련 공유 등이 이러한 형태에 해당한다.

그 외에도 공유경제 서비스를 크게 공유주체에 따라 B2C(Business to Consumer) 모델과 P2P(Peer to Peer) 모델로 구분할 수 있다. B2C 모델은 특정 기업이 소유한 자산·제품을 이용자와 공유하는 비즈니스 모델로, 기존의 렌탈 서비스와 같은 방식이다. 카셰어링(Zipcar), 온라인 인력중개업(oDesk) 등이 B2C 모델에 해당한다. P2P 모델은 개인과 개인의 거래를 말한다. 즉 플랫폼업체는 플랫폼 서비스 제공을 통해 상품을 소유한 사람과 이용자들, 즉 수요와 공급을 연결하여 수령하는 중개료로 수익을 창출하는 모델로, 숙박 관련 서비스(Airbnb), 한옥대여 서비스(Kozaza), 자동차 관련 서비스(Getaround) 등이 있다. 다만 B2C의 경우 전형적인 공유경제 서비스라기보다는 전통적 비즈니스가 ICT 적용으로 보다 진화된 것이라고 보는 것이 타당하다는 견해도 있다. 또한 Juliet Schor(2015)는 각 모델에 대하여 이익(profit) 추구 여부를 더하여 이익추구형(for-profit) B2P 플랫폼, 이익추구형(for-profit) P2P 플랫폼, 이익을 추구하지 않는(non-profit) B2P 플랫폼, 이익을 추구하지 않는(non-profit) P2P 플랫폼으로 구분하여 제시하고 있다.

또 다른 측면에서는 공유자원별로 공유경제를 분류할 수 있다. 공유자원은 학자마다 여러 형태로 분류하고 있다. OEC(2013)는 공간·물건·지식·

표 3-3 공유경제의 유형: 공동라이프 스타일(협력적 커뮤니티)

서비스 유형 (제공서비스)	거래방식	참여자	공유자원	공유기업	
				국외	국내
공동라이프 스타일 (collaborative lifestyles, 협력적 커뮤니티)	커뮤니티 내 개인 (사용자) 간의 협력을 통해 여러 자산을 공유하는 방식	다수의 개별 공급자와 다수의 개별 사용자 (P2P)	숙박공간 공유	• AirBnB • VRBO • onefinestay • HomeAway • couchsurifng	• 비앤비히어로 • 코자자
			주자장공간 공유	• Parking Panda	• 페어스페이스 (공간기부) • 모두의주차장
			사무공간 공유	• WeWork • CospoT • LIQUIDSPCE • ShareDesk • DesksNearMe • Breather • pivotdesk 등	• 아이디어팩토리 • D.Camp • 상상우리 • 더허브 등
			택시 셰어링	• Taxi2 • TaxiDesk • TexiStop	–
			여행경험 공유	• Trips(Lonely Planet)	• 마이리얼트립 • 플레이플레닛
			지식 공유	• TeachStreet • TradeSchool	• 위즈돔 • 잇다
			구인구직	• Loosecubes • Desksnearme	• 알바몬 • 알바천국
			크라우드 펀딩	• Kickstarter • Indiegogo	• 씨앗펀딩 • 굿펀딩

출처: 김빛나 (2018). "공유경제서비스 이용의도에 미치는 장벽요인과 사용자 저항의 영향"; 조산구. 「즐겨라! 유쾌한 공유경제」; 송순영 (2015). OEC (2013). 공유경제 시작학교, 공유허브; 김점산・지우석・강상준 (2014). "공유경제의 미래와 성공조건", 이슈앤진단, 134호, 경기연구원을 재구성함.

교통 공유 등의 형태로 제시하였고, Lorna Gold(2010)는 물건・공간・경험・재능・시간・정보 공유로 나누어 제시하고 있다. Owyang, Samuel, and Grenville(2014)은 공유경제 대상에 따라 재화(중고재화, 대여제품, 주문제품), 서비스(전문서비스, 개인서비스), 교통(교통서비스, 대여운송), 공간(사무공간, 숙박), 금융(대부업, 크라우드펀딩)으로 나누어 제시하고 있다. One Earth(2015)는 공유경제의 유형으로 교통수단 공유, 공간 공유, 상품・물품 공유, 식품 공유, 에너지 공유, 커뮤니티 공유, 정보 및 서비스 공유로 구분하여 제시하였다. 강철구와 전소영(2017)은 교통수단 공유(자동차, 자전거, 오토바이, 스쿠터, 요트), 공간 공유(여행자숙소, 주차장, 사무실・회의실, 기숙사, 레스토랑・카페, 연습실), 상품・물품 공유(유아용품, 장비, 기계공구, 도서, 스포츠용품, 가구, 장난감, DVD), 식품 공유(유휴음식, 농장), 에너지 공유(태양광, 풍력, 수력, 바이오매스 등 친환경에너지), 커뮤니티 공유(물물교환시장, 마을잔치, 마을정비소, 공동구매, 구인구직), 그리고 정보 및 서비스 공유(지식, 경험, 재능, 빅데이터 공유 등)로 분류하였다. 또한 김윤경(2014)은 공유자원의 유형을 제품, 장치, 장비, 공간시설과 같은 문화적 작용에 의해 생성된 유형자원, 예술, 문화 콘텐츠, 정보, 아이디어, 전통, 언어, 종교, 제도, 조직, 정치 등과 같이 문화적 작용에 의해 생성된 무형자원, 사람의 노동력(정신, 육체노동)과 기술인 인적자원, 화폐자원 등과 같은 재무자산, 광물, 토지, 수자원, 동물, 자연경관, 태양열 등 자연물, 자연력인 천연자원으로 나누어 유형별로 제시하였다.

표 3-4 연구자별 공유자원 기반 공유경제 분류

구분	내용
Gold Lorna(2010)	물건・공간・경험・재능・시간・정보 공유
OEC(2013)	공간・물건・지식・교통 공유
Owyang, Samuel, and Grenville(2014)	재화(중고재화, 대여제품, 주문제품), 서비스(전문서비스, 개인서비스), 교통(교통서비스, 대여운송), 공간(사무공간, 숙박), 금융(대부업, 크라우드펀딩)
One Earth(2015)	교통수단 공유, 공간 공유, 상품・물품 공유, 식품 공유, 에너지 공유, 커뮤니티 공유, 정보 및 서비스 공유
김윤경(2014)	유형자원, 무형자원, 재무자산, 천연자원
강철구, 전소영(2017)	교통수단 공유, 공간 공유, 상품・물품 공유, 식품 공유, 에너지 공유, 커뮤니티 공유, 정보 및 서비스 공유

4 CHAPTER 공유경제를 통해 세상을 바꾸고 있는 기업들

1 공유경제기업의 출현

신기술을 바탕으로 등장한 온라인 플랫폼은 공유가치창출과 협력적 소비가 가능한 환경을 만들었다. 2000년대에 들어서면서 공유 기반의 비즈니스 모델인 P2P 마켓 플레이스가 급격한 성장을 이루었으며, 라이프 스타일을 공유하는 것부터, 제품교환과 재분배의 플랫폼까지 다양한 모습으로 변화하고 있다. 이에 현 소비자들은 '공유'라는 개념에 익숙해졌으며, 특히 젊은 층은 SNS와 친숙해지면서 거부감 없이 음악, 사진, 파일 등의 공유를 일상생활의 일부분으로 실천하고 있다.

이러한 상황에서 많은 신생 혹은 기존기업들이 '공유'의 개념을 보다 확장시키는 비즈니스 모델을 개발하고 있다. 가장 대표적인 예로, 교통수단의 공유로 성공한 집카, 그리고 주거공간의 공유를 기반으로 한 에어비앤비가 있다. 집카는 도심을 기반으로 친환경적인 차를 스테이션마다 제공하며 모두와 공유하는 차를 쉽게 이용할 수 있게 하여 편의를 높였고, 에어비앤비는 오랫동안 독립적인 공간이라고 인식되어 온 개인의 주거공간을 개방하고 공유하며, 관광객과 다양한 목적으로 방문하는 여행객들까지 소비자층을 확대한 성공적인 케이스이다.

공유기업은 전 세계적으로 확대되었으며 크게 제조 분야, 산업 분야, 서비스 분야에서 활발하게 진행되고 있다. 한국에서도 공유경제의 원리에 따라 운영되고 있는 기업들이 비록 소수이지만 시간이 지남에 따라 지속적으로 증가하고 있으며, 업종은 출판업, 제과요식업, 기계생산 및 유통업, 컴퓨터 및 정보제공업, 기타 서비스업 등 다양하게 나타나고 있다(문병기 2010).

공유경제를 바탕으로 한 CSV 기반 모델

공유경제를 바탕으로 한 기업들이 늘어남에 따라 기업가치를 측정하는 지표인 공유가치(Shared Value)의 중요성이 대두되었다. 하버드의 마이클 포터에 의해 처음 소개된 공유가치창출(Creating Shared Value, CSV)은 경제적 가치와 사회적 가치를 동시에 창출하여 공유가치의 총량을 확대하는 비즈니스 모델이다(Porter & Kramer 2011). 즉 기존의 CSR이라는 일방적인 모델에서 공유할 수 있는 가치생산에 중점을 둔 CSV로의 전환이 이루어지고 있다.

CSR을 기반으로 한 모델과 CSV 기반의 모델을 비교해 보면, 크게 가치, 동기, 이윤과의 관계, 실행방법과 효과 등으로 구분하여 볼 수 있다. 가치 측면에서 CSR은 선행을 표방하는 데에 그친다면, CSV는 기업의 이윤 측면에서도 비용을 절감하여 실제로 사회적 효과뿐만 아니라 경제적 효과도 동시에 누린다는 측면이 있다. 또한 동기 부분에서 CSR활동은 대부분 외부 압력 혹은 향후에 발생가능성이 있는 부정적인 사건의 예방 차원에서 하는 반면, CSV는 기업의 경쟁력 강화를 위한 전략적이고 능동적인 선택이라는 점이 다르다고 볼 수 있다. 실행방법과 효과 측면에서 CSR은 외부의 리포팅 기준과 기업의 전체적인 예산에서 CSR이 차지하는 비중에 따라 실행 여부 자체가 결정된다면, CSV는 기업이 내부적인 계획을 자체적으로 세울 수 있으며 예산을 별도로 책정하지 않고 기업의 총체적인 활동을 주관하는 총 예산에 내포되어 있다고 볼 수 있다.

▌표 4-1▐ CSR 기반의 모델과 CSV 기반의 모델 비교

구분	CSR	CSV
가치	"Doing Good"	비용 대비 경제적·사회적 효과
키워드	시민의식, 자선, 지속가능성	기업과 지역사회의 공유가치창출
동기	외부 압력	경쟁력강화
이윤과의 관계	이윤극대화와 분리	이윤극대화의 필요조건
실행방법	외부 리포팅 기준과 개인의 선호에 따라 결정	기업의 자체적인 내부 계획

출처: Porter & Kramer (2011). "Creating shared value", *Harvard Business Review.*

실제로 집카, 에어비앤비와 같은 기업뿐만 아니라, 네슬레와 같은 기업들도 기존의 CSR 프로그램에서 CSV를 바탕으로 한 기업으로 전환되고 있다. CSV 모델을 기반으로 하는 기업은 소비자, 유통업자와 공급자, 직원, 산업 전반, 지역사회와 정부 등의 이해관계자들이 주주와 함께 고려되며, 이에 따른 경제적인 효과뿐 아니라 지식의 전달이나 환경적·사회적 영향력을 함께 고려한다.

이에 본 장에서는 공유경제 자원을 ① 장소·공간, ② 교통, ③ 물건, ④ 지식 등으로 구분하여 사례를 분석하고자 하였다. 간략하게 장소 또는 공간은 여행자 숙소, 사무실, 기숙사, 레스토랑, 카페, 스튜디오 등이 될 수 있고, 교통은 자동차, 카풀, 오토바이, 자전거, 요트 등을 공유하고 있다. 물건의 경우 옷, 장비 및 기계, 도서, 유아용품, 스포츠 캠핑용품 등이 될 수 있으며, 정보와 서비스는 지식과 경험, 크라우드펀딩, 인력중개, 여행 등이 포함될 수 있다.

2 장소 · 공간의 공유

공간 또는 장소의 공유는 공유자원에 따라 주거시설, 업무시설, 주차시설, 공공시설 등으로 구분할 수 있으며, 공유 유형에 따라 숙박 공유, 주거 공유, 사무공간 공유, 가게공간 공유, 주민센터, 문화·체육·교육시설, 창작공간, 공연공간, 유휴농작지 공유, 교회 공유 등으로 구분할 수 있다.

표 4-2 숙박 공유 사례

<table>
<tr><th>구분</th><th colspan="4">내용</th></tr>
<tr><td>개념</td><td colspan="4">• 숙박 공유는 유휴공간을 여행객에게 숙박공간으로 공유</td></tr>
<tr><td>배경</td><td colspan="4">• 숙박 공유 비즈니스는 합리적 소비성향 증가, 여행 트렌드의 변화 및 IT 플랫폼 비즈니스의 성장 등이 맞물리며 등장
• 금융위기 이후 주요 관광도시의 높은 집세와 숙박료, 합리적 소비성향 증가, 현지문화체험 선호 등 여행 트렌드의 변화는 숙박 공유에 대한 수요 촉발
• IT 플랫폼 비즈니스의 성장은 숙박 공유 비즈니스의 성장 가속화</td></tr>
<tr><td rowspan="4">비즈니스 유형</td><td colspan="4">• 엄밀히 구분되지는 않으나, 주요 사업의 형태에 따라 개인의 숙박 공유와 휴가용 주택임대(vacation rental)로 구분</td></tr>
<tr><td>개인의 숙박 공유</td><td>IT 플랫폼 기반을 통해 개인의 숙박 공유 공급자와 수요자를 연결하는 P2P 형태의 비즈니스</td><td>휴가용 주택 임대</td><td>미국, 유럽에서 성행하던 휴가용 주택임대서비스를 IT 플랫폼 기반을 통해 제공하는 비즈니스로, 주로 B2P 형태로 운영</td></tr>
<tr><td>주요 기업</td><td>airbnb WIMDU</td><td>주요 기업</td><td>HomeAway</td></tr>
<tr><td>시장 규모 전망</td><td colspan="3">개인의 숙박 공유
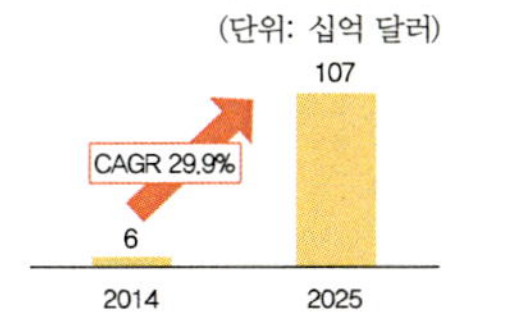
휴가용 주택임대
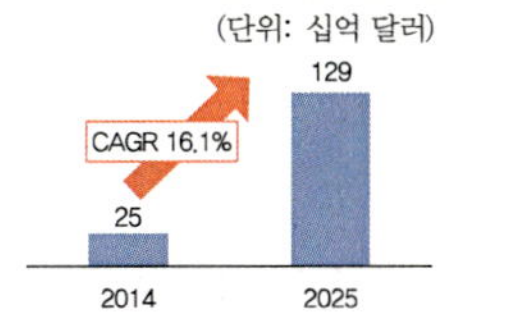
출처: Olson, M. J. & Kemp, S. J. (2015.3.). "Sharing Economy: An In-Depth Look At Its Evolution & Trajectory Across Industries." Piper Jaffray.</td></tr>
</table>

에어비앤비(AirBnB, http://www.airbnb.co.kr)

에어비앤비는 숙박 공유 플랫폼기업으로 공급자들이 비어있는 방, 집, 아파트, 보트, 비행기 등 다양한 공간자산을 공유·대여할 수 있도록 임대인과 임차인을 P2P방식으로 직접 연결시켜 주는 서비스를 제공한다. 온라인, 모바일, 태블릿에서 전 세계의 숙소를 올리고, 발견하고, 예약할 수 있는 커뮤니티 플랫폼을 갖추고 있다. 에어비앤비는 세계 190개국 34,000개 도시에서 사업을 진행하고 있으며, 총 게스트 수는 6,000만 명 이상, 숙소의 수는 200만 개 이상이 등록되어 있다. 에어비앤비의 주요 수입원은 임대에 대해 제공자와 소비자로부터 받는 수수료이다. 소비자가 계약을 하면 제공자로부터 대금의 3%, 소비자로부터 6~12%의 수수료를 수취하는 형태로 비즈니스를 운영한다.

코자자(Kozaza, http://www.kozaza.com)

코자자는 2013년에 서울시가 처음 공식적으로 지정한 숙박 공유기업으로, 여행객과 집주인이 빈방을 공유하는 '빈방 공유 소셜 민박'서비스를 운영하고 있다. 여행자는 자기 취향에 맞는 숙소를 저렴하게 이용할 수 있고, 글로벌 친구도 사귈 수 있으며, 집주인은 남는 방을 공유해 수익을 낼 수 있다. 또한 코자자 도우미가 여행객과 집주인이 서로 믿을 수 있도록 연결해 주는 방식으로 코자자는 여행객과 집주인의 신뢰관계, 그리고 불필요한 건축을 줄여 환경을 지키는 데 의의를 두고 있다.

한지붕 세대공감(http://seoul.go.kr)

'한지붕 세대공감'은 서울시에서 '공유서울'정책의 일환으로 추진하는 사업으로, 주거공간의 여유가 있는 어르신과 주거공간이 필요한 대학생을 연결하여, 어르신은 저렴한 가격으로 주거공간을 제공하고, 대학생은 어르신에게 소정의 임대료와 생활서비스를 제공하는 주거 공유 프로그램이다. 이는 홀몸 어르신들의 고립감을 해소하고 대학생에게는 주변 임대료보다 저렴한 주거 공간을 제공하여 학생들의 주거난 해소와 세대 간 화합을 통한 주민복지 증진에 기여하고 있다.

토즈(Toz, http://www.toz.co.kr)

토즈는 모임공간, 프리미엄 독서실, 비즈니스센터, 민간 대상의 스마트워크센터 등 다양한 공간 임대·대여서비스를 제공하는 국내업체이다. 토즈는 공간을 모임센터(회의실, 세미나실, 스터디룸 등), 스터디센터(독서실, 그룹 스터디실 등), 워크센터(소호 사무실, 월 임대 사무실 등)로 구분하여 운영하고 있다. 2019년 2월 기준, 전국적으로 327개의 지점(모임센터 28개, 스터디센터 347개, 워크센터 3개)을 운영하고 있다.

표 4-3 장소·공간 공유 사례

기업명	내용
AirBnB	숙박 공유 플랫폼기업으로 호스트들이 자신들의 비어있는 방, 집 등을 공유·대여할 수 있도록 호스트와 임차인을 P2P방식으로 직접 연결시켜 주는 서비스
코자자	여행객과 집주인이 빈방을 공유하는 '빈방 공유 소셜 민박'서비스
한지붕 세대공감	주거공간의 여유가 있는 독거노인과 주거공간을 필요로 하는 대학생을 연결해 주는 서비스
토즈	모임센터, 스터디센터, 워크센터 등 다양한 공간 임대·대여서비스

3 교통의 공유

교통의 공유는 자동차 과잉생산과 이에 따라 연쇄적으로 발생하는 주차공간 부족, 유지비용 증가 등을 해결하여 지속적인 환경을 지향하며, 자가용 이용의 합리적이고 실용적인 측면을 고려한 혁신을 추구하고 있다.

표 4-4 차량 공유 사례

<table>
<tr><th>구분</th><th colspan="4">내용</th></tr>
<tr><td>개념</td><td colspan="4">• 차량 공유는 자동차가 상당한 시간 주차되어 있다는 점에 착안하여 주차된 시간 동안 필요한 소비자에게 제공하여 공유</td></tr>
<tr><td>배경</td><td colspan="4">• 차량 공유 비즈니스는 스마트폰 보편화, GPS기술 발달, 고령화 및 경제위기로 인한 소비자의 합리적 소비성향 증가 등으로 성장
• 공유시스템의 접근 용이성과 젊은 층을 중심으로 한 차량 소유에 대한 인식 변화로 차량 공유시장은 성장 가속화</td></tr>
<tr><td rowspan="4">비즈니스 유형</td><td colspan="4">• 차량 공유는 공유성격에 따라 카헤일링과 카셰어링으로 구분</td></tr>
<tr><td>카헤일링 개념</td><td>이동서비스를 공유, 즉 이동을 원하는 소비자와 이동서비스(차량과 기사 제공)를 제공하는 사업자를 연결, 주로 P2P 형태로 운영되며 라이드헤일링(ride-hailing) 혹은 라이드셰어링(ride-sharing)이라고도 함</td><td>카셰어링 개념</td><td>'차'라는 자산을 공유, 일종의 단기 렌탈방식으로 주로 B2P 형태로 운영</td></tr>
<tr><td>주요 기업</td><td>UBER lyft</td><td>주요 기업</td><td>zipcar CAR2GO DriveNow</td></tr>
<tr><td>시장 규모 전망</td><td colspan="3">카헤일링
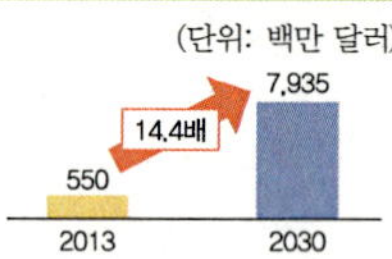

카셰어링

출처: 한국자동차산업연구소 (2016.6.). "글로벌 빅3, 모빌리티 사업 확대."</td></tr>
</table>

우버(Uber, http://www.uber.com)

우버는 차량 공유서비스업체로, 서비스에 등록되거나 우버에 고용된 운전기사와 승객을 모바일 앱을 통해 중개하는 서비스를 제공하는 업체이다. 2009년 설립 이후 괄목할 만한 성장세를 보여왔으며, 2019년 기준, 전 세계 500여 개 이상의 도시에 진출해 있다. 우버서비스는 도시마다 조금씩 다르지만 기본적으로 UberBLACK, UberTRIP, UberX 등의 서비스를 제공한다. UberBLACK은 고급 세단으로 모시는 프리미엄서비스이며, UberTRIP은 UberBLACK을 장시간 대절할 수 있는 서비스이고, UberX는 우버에 등록된 개인 차량을 공유하는 서비스이다. 그 외에도 교통 약자를 위한 서비스인 uberASSIST, 편리한 택시 호출서비스인 uberTAXI 등 대상과 상황에 따른 세분화된 서비스를 제공한다.

집카(ZipCar, http://www.zipcar.com)

집카는 전통적인 렌터카회사와는 달리 집스터(Zipster)라고 불리는 회원을 대상으로 차량대여를 짧은 시간단위로 별도의 계약서 작성 없이 멤버십 카드를 사용하는 형태의 시간제 렌터카업체이다. 집카는 연회비와 가입비를 받고, 시간당 또는 일당 이용금액을 청구하는 방식으로 운영된다. 또한 인터넷 및 모바일 앱 등을 통해 짧은 시간단위의 차량대여를 가입-사용-반납-결제의 모든 단계에서 사람을 대면할 필요 없이 사용한 시간만큼 지불하는 시스템을 도입·운영하고 있다.

모든 자동차는 길이나 공용 주차장 등 정해진 전용 주차장에 있으며, 회원은 집카드(Zipcard)라고 불리는 RFID방식의 카드를 지급받아, 이것으로 예약한 자동차를 운전할 수 있다. 모든 자동차는 사용시간과 운행거리를 기록하고 이것은 무선 데이터 접속을 통해 중앙 컴퓨터로 전송된다. 예약 시 자동차보험과 연료 카드, 그리고 세차 및 유리창 세제와 같은 정비비용을 포함하고 있다. 누구든지 회원이 되면 자동으로 도시의 집카를 예약하고 사용할 수 있다.

그림 4-1 Zipcar의 비즈니스 모델

쏘카(Socar, http://www.socar.kr)

쏘카 또한 기존 렌터카 대여절차의 번거로움을 최소화하는 공유 개념으로 차량을 이용할 수 있는 차량 공유서비스이다. 쏘카는 렌탈업체에서 1일단위로 빌리는 형식에서 벗어나 최소 30분부터 10분단위로 시간을 정해서 차량을 사용할 수 있다.

쏘카는 2012년 3월에 제주도를 시작으로 차량 100대로 서비스를 시작하였으나 현재 전국에 11,000여 대의 차를 운영하고 있으며, 2018년 기준 월 30만 건 이상의 카셰어링을 통해 월 매출액 120억 원을 달성하였고, 약 1만 대의 차량을 누적 520만 회원이 사용하고 있다. 이용방법은 출발지 근처 카셰어링 주차장인 '쏘카존'에서 모바일이나 인터넷 검색을 통해, 앱에서 다운받은 키나 카드키를 이용해서 운전을 한다. 사용 후에는 목적지 근처 쏘카존에 반납하고, 분단위 사용비용은 가입 시 등록한 카드로 결제된다.

이러한 쏘카는 자동차를 소유의 개념에서 공유의 개념으로 변화시켜 나가고 있으며, 서울시, 인천시, 세종시와 함께 카셰어링 문화 정착에 협력하고 있다. 또한 자동차 공유로 차량구입비, 유지비용 절감 등 개인의 가처분소득 상승에 기여하고, 차량 공유로 인한 절대적인 차량 수의 감소, 도시의 주차난 해소에 도움을 주며, 차량 구매자금이 부족하더라도 필요시에만 차량을 이용할 수 있어 사회적 복지를 증진시키고 있다.

표 4-5 교통 공유 사례

기업명	내용
Uber	• 우버서비스에 등록되거나 우버에 고용된 운전기사와 승객을 모바일 앱을 통해 중개하는 서비스
ZipCar	• 회원을 대상으로 차량대여를 짧은 시간단위로 별도의 계약서 작성 없이 멤버십 카드를 사용하는 형태의 시간제 렌터카업체
쏘카	• 쏘카는 기존 렌터카 대여절차의 번거로움에서 벗어나 공유하는 개념으로 차량을 이용할 수 있는 차량 공유서비스

4 물건의 공유

열린옷장(Open Closet, http://www.theopencloset.net)

열린옷장은 옷장 속에 잠들어 있는 정장을 기증받아 공유함으로써 청년들의 취업 부담을 줄이고 응원하는 비영리단체이다. 열린옷장은 정장을 기증받아 필요한 사람들에게 저렴하게 대여하며, 수익은 취준생 이력서 사진촬영, 대학생 봉사단체 기부, 취준생 상담 및 스타일링비용 지원, 시각장애인 스타일링 교육, 청년을 위한 무료 법률 상담 등 다양한 사업을 통해 나누고 있다. 열린옷장의 대여 건수는 2만 500건 이상이며, 한 달 기준 열린옷장 사무실을 방문하는 사람은 1,500~2,000여 명 수준이다. 남성과 여성을 위한 정장 총 1,000여 벌을 구비하고 있다.

네이버구즈(NeighborGoods, http://www.NeighborGoods.com)

네이버구즈는 가입자가 거주하고 있는 커뮤니티를 기반으로 각자 남는 물건을 이웃과 친구에게 빌려주는 서비스를 제공하는 플랫폼을 운영하고 있다. 돈과 자원을 절약할 수 있는 안전한 커뮤니티 구현을 목표로 하고 있으며, 가입자는 아이템 이용에 대해 담보나 렌탈요금을 요구할 수 있으나 네이버구즈는 거래 수수료를 받지 않기 때문에 비영리서비스로 분류된다.

공쓰재(TWR, https://www.facebook.com/twr.or.kr)

공연이 끝난 후 무대 소품과 세트는 폐기되는 경우가 많다. 공연쓰레기재활용(공쓰재, Theatre waste Recycle) 커뮤니티는 누구나 쉽고 편하게 공연 후 쓰고 남은 무대 소품과 세트를 재활용 또는 물물교환할 수 있는 소통의 창구이다. 공쓰재 커뮤니티는 공연과 환경이 공존하며 지속가능한 형태로 나아가는 방법에 주목한다. 또한 무대 소품과 세트의 재사용과 순환을 통해 제작비를 절감하고 더 좋은 작품을 만들 수 있도록 돕고자 한다. 공쓰재는 페이스북을 통해 '나누미'가 더 이상 공연에 사용하지 않아 다른 극단에 주고 싶은 공연 물품 정보를 올리고, '구하미'는 공연에 사용할 소품이나 세트의 물품 정보를 올린다. 댓글이나 전화로 연락이 오면 약속을 잡아 물품을 인수하면 된다.

키플(Kiple, http://www.kiple.net)

㈜오리가미의 유아동 공유 리사이클마켓인 키플은 개인의 잉여물품에 대해 효율적이고 합리적인 재분배 대안을 제시하는 사회혁신기업이다. 키플은 공유를 통해 옷장 속 잠든 가치가 지갑 속 현재 가치로 전환되는 서비스를

제공하며, 불필요한 소비를 억제하고, 잉여물품을 편리하고 효율적으로 재분배할 수 있는 대안을 마련하여 건전한 소비문화를 정착시키고 환경과 공동체에 이바지하고자 한다.

작아진 아이 옷을 키플에 보내면 키플에서 검수하여 평가한 후, 가치 있는 물품을 선별하여 '나눔옷장'에 등록한다. 등록된 옷은 홈페이지에서 나이, 성별, 계절, 컬러에 따라 옷을 찾을 수 있다.

표 4-6 물건 공유 사례

기업명	내용
열린옷장	정장을 기증받아 정장이 필요한 사람과 공유하는 서비스
네이버구즈	가입자가 거주하고 있는 커뮤니티를 기반으로 각자 남는 물건을 이웃과 친구에게 빌려주는 서비스
공쓰재	공연 후 쓰고 남은 무대 소품과 세트를 재활용, 물물교환을 하는 서비스
키플	작아서 못 입게 된 아이 옷을 공유 및 교환하는 서비스

5 지식의 공유

소셜통(Socialtong, http://www.facebook.com/groups/socialtong)

'소셜통'은 공익적인 성격의 행사, 일자리, 교육 등의 정보를 주고받을 수 있는 정보 공유 플랫폼이다. 이 플랫폼의 궁극적인 목적은 사회문제에 대한 대중들의 관심을 높여 사회문제 해결에 기여하는 것이다. 이를 위해 대중들이 관심을 가질 수 있는 키워드들로 접점을 만들어 공익적인 성격의 정보들을 널리 알리고 있으며, 정보의 비대칭성을 해결하기 위해 노력하고 있다.

Taskrabbit(http://www.taskrabbit.com)

태스크래빗은 이케아 가구 조립, 행사보조, 기부물품 수집, 애완동물 조련, 사무보조, 집청소, 장보기, 배달 등 다양한 생활서비스 인력을 중개하는 서비스로, 온라인과 모바일을 통해 서비스를 필요로 하는 '태스크포스터'와 이 일을 할 수 있는 '태스크래빗'을 연결해 준다. 즉 태스크래빗은 개인이 혼자 하기 어려운 소일거리를 이웃들에게 부탁할 수 있는 플랫폼으로 플랫폼에 도움을 요청하고 비용을 책정하면 그것을 해줄 수 있는 사람이 도와주는 방식이다. 이러한 서비스는 단순히 경제적 가치를 창출할 뿐만 아니라, 이웃 간의 신뢰회복이라는 사회적 자본을 만들어냈다(주광진 2015).

국민도서관 책꽂이(http://www.bookoob.co.kr)

국민도서관 책꽂이는 책 대여서비스로, 이미 보았거나 유휴자원인 책을 국민도서관 책꽂이에 보관하고 다양한 책을 대여하는 서비스이다. 국민도서관 책꽂이는 공유경제가 일반화된 미국이나 독일에는 없는 한국형 공유경제 모델로 거론되고 있으며, 개인이 소유하고 있는 책 중에서 더 이상 읽지 않는 책들을 모아 온라인 사이트를 통해 공유하는 것이다. 이 서비스의 장점은 보관하고 있던 책을 키핑함으로써 개인서재공간을 절약할 수 있고, 시중에 절판된 책이나 구하기 어려운 책도 대여할 수 있으며, 원하는 기간만큼 대여할 수 있다는 장점이 있다. 그리고 많을 책을 위탁할수록 더 많은 책을 대여할 수 있는 혜택도 있다. 국민도서관 책꽂이는 도서 소유자로부터 책을 위탁받아 직접 보관하고, 필요로 하는 사람에게 택배로 책을 보내 주는 자원보유형 모델로 분류되고 있다. 대여기간이 끝나면 이용자는 해당 도서를 다시 국민도서관 책꽂이에 택배로 보내주게 된다.

잇다(ittda, https://www.itdaa.net)

소셜멘토링 '잇다'는 온라인 1:1 멘토링서비스를 제공하며, 가치 있는 커리어 경험을 연결한다. 잇다는 국내 유일의 실명 기반 온라인 멘토링서비스를 통해 다양한 분야의 현직 멘토들이 실명과 기업명을 공개하며 취업준비생과 사회초년생에게 취업 정보와 인사이트를 공유한다. 2018년 8월을 기준으로 실명 등록 현직자는 100대 기업, 외국계, 중견중소기업, 스타트업, 전문직, 공공기관 등 1,300여 명으로 집계된다. 또한 1:1 온라인 멘토링은 14,936건과 월 방문자는 10만 명으로 집계된다. 더불어 잇다는 지난 5년간 오프라인으로 3만여 명의 취업준비생과 사회초년생에게 3,000회 이상 현직 멘토를 연결하여 신뢰할 수 있는 양질의 콘텐츠를 제공했다.

표 4-7 지식 공유 사례

기업명	내용
소셜통	사회를 이롭게 하는 정보 공유 플랫폼으로, 공익적인 성격의 행사, 일자리, 교육 등의 정보를 주고받을 수 있는 플랫폼
Taskrabbit	이케아 가구 조립, 행사보조, 기부물품 수집, 애완동물 조련, 사무보조, 집청소, 장보기, 배달 등 다양한 생활서비스 인력을 중개하는 서비스
국민도서관 책꽂이	국민도서관 책꽂이는 책 대여서비스로 이미 보았거나 유휴자원인 책을 국민도서관 책꽂이에 보관(키핑)하고 다양한 책을 대여하는 서비스
잇다	취업준비생과 사회초년생에게 취업 정보와 인사이트를 공유하는 실명 기반 온라인 멘토링서비스

5 CHAPTER 공유경제의 전망과 미래 과제

2019년 1월 22일에 개최된 스위스 다보스포럼은 '세계화 4.0'이란 주제로 4차 산업혁명시대에 인간소외와 환경파괴에 대응하는 방안을 모색하기 위해 전 세계 정·재계 주요 인사들이 모여 글로벌 현안을 논의하였다. 포럼 참석자들은 "세계화는 지구촌의 거대한 성장과 발전을 창출했지만 동시에 양극화를 심화시켰고, 이에 따라 차세대 세계화의 물결 속에서 글로벌 리더들은 과거의 실패에서 배우고 취약한 사회구성원을 보호할 수 있는 포용적 사회를 구축하는 것이 필요하다"고 강조했다(인더스트리뉴스 2019.1.27.)

현재 국제사회의 공유경제 현황을 살펴보면, 공유경제 시장은 미국, 중국, 유럽 시장의 주도하에 전체적으로 급속한 성장세를 보이고 있다. 글로벌 공유경제 시장의 규모에 대한 공식적인 통계자료는 존재하지 않으나, PwC (2014)에 따르면 2013년 150억 달러에서 2025년까지 약 3,350억 달러 규모로 성장할 것이며, 이에 따라 공유경제가 아닌 기존의 전통적 거래시장과 동일한 규모를 형성할 것으로 전망하였다. 분야별로는 금융 분야가 가장 빠르게 성장할 것으로 전망되었으며, 기타 직업중개, 숙박 공유, 차량 공유 등의 순으로 빠른 성장세를 보일 것으로 전망하였다(나승권, 김은미, 최은혜 2017).

1 국내의 공유경제 현황

국내의 공유경제 시장 규모는 아직 정확히 파악하기는 어려우나, 빠르게 변화하는 글로벌 시장의 추세에 발맞추어 공유경제 모델에 대한 관심이 확대되고 있다. 실제로 다양한 분야에서 공유경제 플랫폼을 활용한 서비스가 등장하고 있으나, 대부분 소규모의 초기 스타트업 중심으로 규모 및 성장성 측면에서 아직은 뚜렷한 성과가 나타나지는 않고 있다. 국내의 공유경제 서비스업체의 경우 대부분 업무공간, 숙박, 차량・주차 공유 관련 업체가 다수를 차지하고 있으며, 재능 공유 및 패션(가방, 의류)부문의 공유경제 업체 또한 상당한 비중을 차지하는 것으로 나타났다. 그 밖에도 와이파이, 레고, 여행서비스, 생활대행서비스 등 다양한 분야에서 공유경제 플랫폼이 활용되고 있다(나승권, 김은미, 최은혜 2017).

지자체의 공유경제

공유경제는 유휴자원을 소유하지 않고 타인과 공유・교환・대여하여 그 효용을 높이는 경제 모델로, 자원절약과 환경문제를 해소할 수 있는 착한 경제뿐만 아니라 일자리 창출, 지역산업 발전을 가져올 수 있다는 점에서 지자체도 높은 관심을 가지고 있다.

서울특별시는 2012년 9월 '공유도시서울'을 선언하고, 「서울특별시 공유촉진 조례」를 제정, 제도적 기반 마련과 공유경제 촉진정책을 다양한 분야에서 실시하고 있다. 서울이 가지고 있는 도시의 문제들을 해결할 수 있는 공유경제, 공유단체들을 지정하여 지원하고 서울시가 가지고 있는 유휴공간인 학교, 도서관, 주민센터, 구청 등 공공시설을 시민들에게 무료 혹은 적은 비용으로 이용할 수 있도록 개방하고 있다. 뿐만 아니라 서울시는 공공데이터 개방, 공유자동차인 '나눔카'와 공유자전거인 '따릉'이 운영 등 다양한 공유도시정책을 펼치고 있다.

그 결과, 세계 최초로 지방정부 차원에서 공유경제를 정책화해 2~3년의 짧은 기간 동안 괄목할 만한 성장을 이루며, 2014년 9월 '메트로폴리즈어워즈' 특별상을 수상하고 부산, 브리스톨(영국) 등 국내외 관계자의 총 100회가 넘는 벤치마킹이 이어지는 등 세계에서 가장 주목받는 공유도시 중 하나로 인정받았다. 이에 서울시는 공유서울 2기를 발표, 공유서울 1기가 지방정부 차원에서 공유경제를 정책화하고 제도적 기반을 마련하는 데 초점을 뒀다면 공유서울 2기는 다양한 도시문제를 해결하고 공유가 실제 시민들의 삶 속에 스며들어 삶에 도움이 되도록 하는 '공유의 일상화'를 핵심 키워드로 추진하고 있다.

표 5-1 공유서울 1·2기 차이점

공유서울 1기	공유서울 2기
공유도시 기반 조성 (조례제정, 사업발굴 등)	도시문제·생활문제 해결에 주력 (교통, 주거, 환경, 경제 등)
공급자 중심 (전달 위주 홍보 중심)	수요자 중심 (시민의 참여와 체험 중심)
공유의 대상 중심 사업추진 (공간, 물건, 재능 등)	공유주체 다각화 (마을·학교, 주부·청년·직장인·은퇴가 등)
공유경제 생태계 지원	공유 대표기업 중점 육성
서울시·자치구 공유 확산	전국·전 세계로 공유 확산 (공유서울 브랜드화)

부산광역시도 2013년 9월 쏘카를 도입하고, 정책 수립에 앞서 부산공유경제 토크콘서트, 공유경제 확산을 위한 시민모임 등을 후원하고 의견을 수렴하여 2015년 「부산광역시 공유경제 촉진 조례」를 제정하고 공유경제 촉진위원회를 운영하고 있다. 또한 서울시와 마찬가지로 공유단체·기업을 지정 및 공유촉진 사업비 지원 사업 공모를 진행하여 각 7개 내외로 운영할 계획에 있다.

표 5-2 부산광역시의 분야별 주요 추진계획

분야	세부추진과제
1. 공유경제 기반 조성	1-1 공유경제 촉진위원회 구성·운영
	1-2 공유경제 웹 플랫폼(정보센터)기능 고도화
	1-3 공유활동가·공유단체·기업 등 워크숍
2. 공유경제 주요 사업 발굴·지원	2-1 공유단체·기업 인증제(통합브랜드) 도입
	2-2 공유단체·기업 지정 및 지원
	2-3 공유단체·기업 사회적 기업·협동조합 육성
3. 공유경제 소통 확산	3-1 시민참여 공유문화 확산 및 공유경제 활동가 양성
	3-2 공유경제 부산한마당 개최
	3-3 공유경제 부산 중간지원조직 설립

출처: 부산광역시 보도자료 (2015.4.1.) 재인용.

광주광역시는 2013년 「광주광역시 공유 촉진 조례」를 제정하고 2015년 본격적으로 '더불어 사는 나눔과 공유의 광주공동체 실현'이라는 비전을 가지고 공유경제 활성화에 힘쓰고 있다. 시민들의 쉽고 편리한 활용을 위하여 '공유광주' 홈페이지를 개설하였으며 공간 공유자원을 중심으로 지식정보와 물품 공유자원으로 확대하고 있다. 또한 공유문화 조성을 통해 시민참여를 확대하고 공유자원을 공유경제로 활용할 수 있는 공유기업 육성 지원도 계

표 5-3 광주광역시의 시 보유 공유공간 현황

유휴공간	회의실(세미나)	강의실(프로그램)	강당	공연장
23	52	54	18	11
연습실(공연)	**홀(HALL)**	**전시장**	**영상실**	**체육시설***
9	6	15	8	39
숙박시설	**주차장**	**지하철역사**	**기타****	**총계**
3	18	5	11	272

* 다목적체육관 5, 수영장 3, 축구장 2, 테니스장 4, 농구장 2, 헬스장 3, 기타 20
** 예식장, 체험관, 야외강의장, 작업장 등
출처: 광주광역시, 공유문화도시 조성 계획(2015.2.) 재인용.

획하고 있다.

대전광역시는 도시재생과 결합한 지역 기반 공유경제 모델을 실험 중에 있으며, 청년 인구가 많은 대전에서는 청년 창업 코워킹 공간인 '벌집(Birlzip)'을 중심으로 셰어하우스, 북 셰어링 카페, 지식 공유, 주방 공유 등 다양한 자원을 공유하는 사업인 'Beepark Project'를 추진 중이다. 청년공동체(커뮤니티) 중심으로 만들어진 코워킹 공간인 '벌집'은 청년들이 직접 공간을 꾸미고 소셜펀딩으로 모은 기금으로 마련되었다. 벌집의 코워킹 공간에서는 청년들을 대상으로 하는 각종 세미나, 강연, 페스티벌 등 다양한 이벤트가 열리고 있다. 'Beepark Project'에서는 장기적으로 셰어하우스, 코워킹 스페이스, 주방 공유 등이 연계하는 사회적 협동조합을 조직할 계획을 수립하였으며 대안화폐도 개발할 예정이다.

2 국외의 공유경제 현황

국외의 공유경제 현황

미국의 공유경제는 2008년 에어비앤비가 처음 등장한 이후 교통, 금융, 공간, 재능 등 다양한 분야로 확장을 거듭해오고 있으며, 자국의 공유 플랫폼업체들이 세계 공유경제 시장을 주도하고 있다. 실제 2016년 기준 전 세계 유니콘기업 총 174개 중 101개(58%)의 기업이 미국에 기반을 두고 있으며, 그중에서도 우버(기업가치 680억 달러)가 1위, 에어비앤비(기업가치 300억 달러)가 4위를 차지하고 있다. 공유경제 서비스의 이용자 수 또한 꾸준히 증가하고 있다. 2017년 '이마케터'의 발표에 따르면, 2017년 내에 미국 성인 인터넷 사용자의 26%(약 5,650만 명)가 공유경제 서비스를 사용하게 될 것으로 예상된다.

유럽은 규모 면에서 미국, 중국에 미치지는 못하나 글로벌 시장에서 공유경제를 주도하고 있는 지역의 하나로서 평가할 수 있다. PwC(2016)에 따르면 2015년 유럽 공유경제 시장의 규모(거래액)는 약 281억 유로로 추산되며, 2014년과 2015년 각각 전년 대비 56%, 77% 성장하는 등 급격한 성장세를 보이고 있다. 또한 거래액 기준으로 가장 큰 시장은 숙박 분야로 전체 공유경제 시장의 53.7%를 차지하고 있으며, 그 밖에 운송서비스와 금융서비스가 각각 12.4%, 15.6%로 높은 비중을 차지하고 있는 것으로 나타났다. 다만 유럽 내 공유경제를 주도하는 업체들은 아직 대부분 미국기업이며, 블라블라카 등을 제외하면 유럽의 공유경제기업들은 대체로 소규모업체들이 주를 이루고 있다.

중국의 공유경제는 2015년 이후 계속된 정부의 적극적인 지지 발언에 힘입어 짧은 기간 동안 폭발적인 성장을 기록하고 있다. 최근 중국 국가정보중심과 인터넷협회가 발표한 보고서(中国分享经济发展报告)에 의하면, 2016년 중국의 공유경제 시장의 교역 규모는 총 3조 4,522억 위안으로 전년도 대비 103% 성장하였다. 비록 기관에 따라 교역 규모를 다르게 추산하고 있으나, 중국의 대표 IT기업인 텐센트(腾讯, Tensent) 산하 연구소에서도 2016년 중국의 공유경제 규모를 총 2조 4,022억 위안으로 집계하며 전년도 대비 112% 성장하였다고 발표하였다.

국외의 공유경제제도 및 공유경제정책

공유경제의 가장 대표적인 사업 형태인 숙박 공유, 교통 공유 두 분야에 대해 캘리포니아주에서는 관련 제도를 마련한 후 시행하고 있다.

상기 법안은 샌프란시스코시의 자치조례이며, 통칭 'Airbnb law'로 불리고 있다. 샌프란시스코 시내에서 숙박 공유를 하고자 하는 경우를 대상으로 마련된 제도이다. 2014년 10월 27일 통과되었으며, 2015년 2월 1일부로 시행 중에 있다. 조례의 시행 대상, 숙박 공유의 조건 및 안전·보험 관련 이슈에 대한 장치 등을 마련하여 숙박 공유를 제도화했으며 조례의 핵심적인 사항을 간략하게 소개하면 다음과 같다. 샌프란시스코 지역에 등록된 주민이 소유 혹은 임차하여 주거 중인 주택만을 대상으로 하며, 샌프란시스코 내에서 주택 단기 대여는 지역주민만 허용한다. 신규 전입자의 경우 샌프란시스코 지역의 해당 주택에 연속된 60일 이상 주거해야 한다. 단기 주택 대여가능기간에 대하여 '90일 규칙(90-Day Rule)'을 적용한다. 주민은 1년에 최소 275일 이상을 해당 주택에서 생활하여야만 단기 주택 대여가 가능하다. 즉 호스트가 주거하지 않은 채 주택을 대여하는 것은 90일을 초과할 수 없다. 플랫폼을 통해 빈방을 공유할 수 있는 기간은 호스트가 연중 주택에 주거한 기간에 비례한다. 호스팅 플랫폼(예 에어비앤비)이 이러한 단기 대여 일자를 관리하도록 법이 규정하고 있지는 아니하며, 매년 1월 1일에 호스트가 직접 전년도에 방을 단기 대여한 일자에 대해 보고하도록 한다.

California Assembly Bill 1871(CAB1871)

상기 법안은 2011년 1월 1일 시행된 캘리포니아 주립 법안이며, '개인 차량 공유(Personal vehicle sharing)'에 대한 정의를 명확히 하여, 차량 공유 시 발생하는 안전·보험문제에 대한 법제도적 기반을 마련하였다. 개인 차량 공유는 상업적 행위가 아님을 명시한 것이 동 법안의 가장 주요한 사항이다. 기존 법령에서는 개인 차량 공유에 대한 명확한 정의가 부족하여 상업적 행위로 간주하였고, 따라서 기존의 제도상에서는 자가 차량을 공유하여 수익을 취했다는 사유 때문에 보험사로부터 일방적인 보험계약 해지를 통보받은 경우에 대하여 법적인 보호가 불가능했다. 개인 차량 공유를 비상업적 행위로 규정하여 차량 공유와 관련한 보험문제를 해결함과 동시에 차량 공유를 통해 취할 수 있는 한 해 수익의 상한을 규정하였다. 오리건(Oregon)주와 워싱턴(Washington)주도 동일한 내용의 법안을 통과하였으며, Oregon House Bill 3149는 2011년 1월 1일 시행하였고, Washington House Bill 2384는 2013년 1월 1일 시행하였다.

Transportation Network Company(TNC)

2013년 9월 캘리포니아주에서 승차 공유(ride sharing)와 관련한 법을 신설하면서 관련 사업 대상을 새롭게 정의하였다. 관련 법의 출현배경은 공유경제라는 개념의 등장과 함께 전에 없었던 새로운 사업 모델이 확산됨에 따라, 이를 제도하거나 현존하는 규제를 적용해야 하는지에 대한 여부 등의 논란이 발생하였다. 특히 우버와 같은 전에 없던 차량·승차 공유 플랫폼사업의 등장은 기존의 여객운송사업자 및 관련 기관들과의 갈등을 고조시켰다. 논쟁의 주요한 쟁점사항은 새로운 사업 유형을 기존의 유사한 사업과 같이 동일시하고 같은 규제를 적용해야 하는지에 대한 여부였다. 즉 기존의 사업자들은 새롭게 나타난 플랫폼 기반의 기업들도 고용을 기반으로 한 여객운송사업과 다를 바 없으며 따라서 기존의 규제, 즉 TCP사업자와 동일시하여 정책을 시행해야 할 것이라고 주장하였다.

반면 우버, 리프트와 같은 공유경제 플랫폼기업들은 수익을 목적으로 한 여객운송사업이 아니라 단순히 차량승차 공유를 중개해 주는 플랫폼기술산업이라고 반박하였다. 따라서 TCP에 대한 예외조항 Public Utilities Code (PUC) 5353(f)와 (h)에 의거, TCP의 규제 대상이 아니라고 주장하였다.

PUC 5353(f)는 비상업적인 목적으로 운전자가 자가 차량을 활용하여 다른 승객을 합승하는 경우이고, PUC 5353(h)는 15인승 이하의 차량을 활용하여 출퇴근 혹은 출장을 목적으로 합승을 하는 경우이다. 15인승을 초과하는 차량에 대해서는 여객회사에 요구하는 것과 같은 수준의 책임보험 가입증명서를 운전자가 제출하고, 캘리포니아 간선도로 순찰대(California Highway Patrol)가 하는 차량 안전검사를 받아 합격했을 경우 적용된다. 보험 가입증명서 제출과 함께 등록요금 75달러를 일회 납부하여야 한다. 그러나 이윤을 목적으로 한 합승의 경우는 이에 해당되지 않는다.

캘리포니아주 공공시설위원회(California Public Utilities Commission, 이하 위원회)는 이에 대응하여 새롭게 사업 유형을 정의하여 제도화하였고, 차량·승차 공유 플랫폼에 참여하는 운전자들의 경우 보상을 목적으로 하는 개인이 여객사업에 참여하고 있기 때문에 TCP 예외조항 PUC 5353(f)나 (h)에 해당하지 않는다고 위원회는 대응하였다. 따라서 시장에 새롭게 등장한 플랫폼들은 TCP 예외조항에 따른 사법 대상 제외가 될 수 없으나, TCP의 규정에 완전하게 해당하지 않은 측면 때문에 Transportation Network Company(이하 TNC)라는 새로운 여객운송사업 유형을 규정하였다.

이를 통해 캘리포니아주는 차량·승차 분야의 공유경제에 대한 법제도적 기반을 마련하였다. TNC란 상업적 용도로 사전에 구매된 차량이 아니라, 운전자 개인의 차량을 이용자(승객)와 직접 중개해 주는 온라인 기반의 플랫폼을 의미한다. 따라서 TNC는 차량을 직접 보유하는 것이 불가능하며, 상업적 용도로 사전에 구매된 차량을 중개하여 영업하는 순간 TNC가 아니라 기존의 TCP로 정의된다. 실례로 UberBLACK은 TCP로 분류되며 UberX나 리프트는 TNC로 정의되고, 택시사업과의 확실한 차이점에 대하여, TNC는 '사전예약 기반(Prearranged basis)' 플랫폼사업임을 규정한다.

3 공유경제가 안고 있는 과제

공유경제의 어두운 면

공유경제는 안전, 법적 문제, 기존업체 충돌 등과 같은 문제를 일으킬 수 있다. 예를 들어 차량 공유업체와 택시업체와의 문제, 기존 법제도와의 충돌, 영세 자영업자 일자리 감소 등의 문제가 있다.

이처럼 공유경제의 다양한 잠재적 가치와 활용상의 이점에도 불구하고 공유경제를 비즈니스 모델로 하는 서비스기업들의 등장이 기업 자체적으로 발생하는 문제뿐만 아니라, 기존 산업 및 기업의 이해와 충돌하고 있어 논란이 발생하고 있다. 택시업계는 우버의 한국진출을 막기 위해 '생존권사수결의대회'를 열어 "우버서비스가 택시운전사의 생계를 위협하니 정부가 대책을 마련해 달라"고 적극 항의하는 등 거세게 반발하고 있다(동아일보 2014.11.25.). 이처럼 공유경제는 온라인의 거래가 오프라인의 실물 거래로 넘어오면서 제도적 기반 미비로 인해 현행법의 통제를 벗어나 공유경제 서비스가 불법행위로 정의되어 현실성 있는 제도화가 요구되고 있다(스페셜경제 2015).

또한 기존 기업들에게 적지 않은 타격을 줄 수 있다. 기존 사업자와의 이해충돌이 일어날 수 있다. 미국의 경우 우버와 리프트와 같은 차량 공유서비스가 등장하면서 기존 택시와 렌터카 사용이 점차 줄어들고 있다. 소수 글로벌 사업자에 의한 플랫폼 독점이 이루어질 가능성도 있다. 공유경제와 기존 산업경제와의 차이점은 시민 중심이라는 특성이 있음에도 현재 공유경제는 거대한 벤처캐피털로부터 투자를 받은 글로벌 스타트업(start-up: 설립한 지 오래되지 않은 신생벤처기업)들에 의해서 주도되고 있다. 현실적으로 인터넷에서 구글이나 페이스북이 단일 플랫폼으로 전 세계의 검색과 소셜 네트워크 시장을 독점하고 있듯이 공유경제에서도 같은 현상이 일어나고 있다.

다음으로 안전문제와 관련하여 대표적으로 에어비앤비 등과 같은 숙박 관련 공유기업들은 호텔, 민박 등 숙박 관련 업종들과 이해관계가 얽히면서 갈등을 야기하고 있으며, 서비스 자체적으로 몰래카메라와 같은 관리 및 점검의 부재와 문제 발생 시 이용자의 권리를 보장하고 책임져 주는 대상이 부재하는 등의 문제가 나타나고 있다. 또한 '우버' 등과 같은 교통 관련 공유기업들은 택시업계와 갈등을 빚고 있다. 특히 최근 '카카오 카풀'서비스 도입을 반대하며 한 택시기사가 국회 앞 도로에서 분신을 시도하는 사건 등이 발생하였으며(YTN 2018.12.10.), 그 외에도 대부업체가 '공유금융'의 탈을 쓰고 규제를 피해 고금리로 대출하는 일처럼 공유경제가 유행하면서 '무늬만 공유인' 업체가 출현할 수 있다.

또한 기업과 지자체가 공유경제 활성화를 위해 많은 노력을 하고 있지만, 아직은 20~30대가 주 소비층으로 인지도가 많이 약한 편이며 무엇보다 소비자와 공급자 간의 신뢰형성이 미흡한 단계이다. 공유경제활동은 주로 온라인 혹은 모바일 공간에서 이뤄지며 주로 개인 간 거래이기 때문에 '신뢰'는 기본으로 서로에 대한 믿음 없이 공유경제가 활성화되는 것은 사실상 불가능하며 오랜 시간과 노력을 필요로 하다.

더불어 법과 제도 정비에 있어서도 기존 산업과의 이해관계를 절충시키면서 또 다른 진입장벽이 아닌 공유경제를 육성하는 데 도움이 되어야 한다. 회색영역인 공유경제에 대해 부정적인 시각이 많은 것은 사실이지만 비전문가의 아이디어나 경험 등을 공유하면서 노인이나 주부 등의 일자리 창출에 기여할 수 있는 신성장 동력이다. 따라서 분야나 영역별로 법제도상의 미세조정을 할 필요가 있는 부분에 대해 신속하고 적정한 조치를 실행할 필요성이 있다. 동시에 거시적으로 공유경제 분야 전체에 대한 법·제도상의 인프라 조성이 이뤄져야 한다.

4 공유경제의 미래

공유경제는 기존 판매시장과 노동시장을 위축시킬 위험이 있다. 자동차를 공유하는 사람들은 굳이 자동차를 구매해야 할 필요성을 못 느끼므로 자동차 판매시장이 줄어드는 것과 같은 원리다. 노동력의 가치 하락 또한 불가피하다. 공유경제 시장에서 노동자는 그저 재화가 공유되기 위한 수단에 불과하기 때문이다.

그럼에도 공유경제는 경제적으로 복지와 일자리 수요 증가에 따른 재원의 한계를 극복하고 유휴자원 활용을 극대화시킨다. 도시재생적 측면에 있어서는 도시재생시설의 활용도를 높이고 도시재생 콘텐츠 개발의 필요성을 상기시키며, 사회의 공동체를 모아 나눔과 연대의 공동체로 복원시킨다. 또한 자원을 절약하고 신뢰를 바탕으로 한 협력적 소비문화를 확산시키는 데 기여하고 있다. 이렇듯 공유경제는 세상을 변화시킬 10가지 아이디어 중 하나로서 현재 활발히 그 영역을 넓혀가고 있으며, 국가적인 차원에서도 공유경제에 주목하여 다양한 사업을 펼치고 있다. 공유경제는 글로벌 소셜시대에서 새로운 정보통신기술과 함께 그 범위는 기하급수적으로 확대될 것으로 예상된다. 그러므로 앞으로 공유경제가 어떻게 발전할지에 대한 논의를 바탕으로 다양한 정보기술을 기반으로 한 미래지향적 서비스 방안을 모색할 필요가 있다.

재화 및 서비스를 공유하는 공유경제는 3D 프린팅, Peer-to-Peer(P2P) 네트워크, 협동조합, 사회적 기업, 재생에너지, 비영리부문 등을 통해 우리 경제생활에 깊이 들어와 있다. 차량 공유, 숙박 공유, 오피스 공유 외에도 주차자리 공유(ParqEx), 패션용품 공유(Thredup), 부엌과 음식을 통한 공유(Forage Kitcken), 스포츠용품 공유(Spinlister) 등 다양한 형태의 공유경제 서비스들이 등장하고 있다. 앞으로 공유경제 서비스가 더 다양한 형태로 나타나 소유가 아닌 공유를 통해서 사회문제를 해결하고 다양한 새로운 비즈니스 모델들을 만들어낼 것이라 전망한다.

미래전략정책연구원 또한 공유경제의 미래를 "한국의 공유경제 시장은 자동차와 숙소 등을 공유하는 것을 넘어 생활서비스를 공유하는 방식으로 확대될 것으로 예상하고 있으며, 가사와 육아, 간병, 반려동물 돌보기 등과 관련된 노동력을 제공하는 것은 물론 여러 기업들이 공유경제 시장에 뛰어들 것이다. 더 나아가 생활용품 제조 및 유통업체, 주택건설업체와 인테리어업체, 은행 및 법률서비스 등도 이 시장에 진출할 것"이라고 전망하고 있다.

2부

도서관과 공유경제
Library & Sharing Economy

공유경제와 도서관

6 CHAPTER 도서관이 공유하는 것

1 미래의 도서관의 모습

도서관 내·외부환경의 변화

현대사회가 빠르게 변화함에 따라 이용자들의 다양한 요구를 수용하기 위해 도서관이 변화하고 있다. 특히 4차 산업혁명과 함께 사물인터넷, RFID, 빅데이터 등 다양한 신기술들을 도서관에 상당 부분 도입하고 있으며, 실제 로봇을 활용한 서가자료 탐색, 안내 등의 서비스를 구현하며 도서관 내부에서는 많은 변화가 진행 중이다.

2009년 CNN의 한 기사에서는 구글이 전 세계 모든 도서를 디지털화하여 온라인상에 세계에서 가장 거대한 도서관을 구축할 것이라고 전하며, 디지털 도서에 대한 관심과 활용성이 커짐에 따라 디지털 도서가 인쇄 도서의 많은 부분을 대체할 수 있을 것이라고 소개하였다. 그러나 이면에는 인쇄 도서는 계속 존재할 것이고, 도서관 또한 자유롭게 정보를 이용하며 공유할 수 있는 물리적인 장소로서 추구하는 근본적인 목표는 미래에도 과거와 동일할 것이라고 언급하였다(CNN 2009). 2019년, 여전히 인쇄 도서와 디지털 도서 모두 우리의 생활 속에 존재하고 있으며, 도서관 역시 지역주민이나 전문가 등 각 도서관의 서비스 대상자를 위해 존재하고 있다.

최근 도서관은 정보만을 공유할 수 있는 물리적인 장소에 한정된 것이 아닌, 정보를 자유롭게 활용할 수 있을 뿐만 아니라 다양한 공간과 독서문화 프로그램을 제공하며 복합커뮤니티센터이자, 지역주민들이 자유롭게 참여하고 소통하는 '지역사회의 소통의 중심지'로 변해가고 있다. 또한 4차 산업혁명과 함께 드론, 로봇 등 신기술을 활용한 도서관 등 미래의 도서관은 어떤 모습으로 변화할 수 있을지 궁금하다.

더불어 도서관이 변하는 방향에 맞추어 사서에게 요구되는 능력과 역할도 달라질 것이고, 또 다른 측면에서는 공유경제와 관련된 도서관의 역할 수립과 실천에 있어서 변화의 핵심적인 역할은 사서에 따라 좌우될 것이다. 사서는 온라인 정보의 증가, 다양한 사회적 또는 이용자의 요구 부응 등을 위해 '정보전문가'로 불릴 수 있으며, 최근 도서관의 커뮤니티 기능이 요구되면서 '토론사회자', '지역사회 대외담당', '정보관리 및 제공자' 등의 역할도 필요할 것으로 판단된다. 오계택(2017)은 도서관에 대한 수요 변화로 인해 미래의 도서관은 다른 용도로 활용될 가능성이 높다고 언급하였다. 책을 빌리기 위해 도서관을 이용하는 경우보다 이메일을 읽고 사진을 스캔하고 친구를 만나고 매거진을 읽고 커피를 마시기 위해 도서관을 이용하는 고객들이 증가할 것이고, 미래도서관 이용자에게 도서관은 학교와 집 혹은 직장과 집 사이에 존재하는 공간이며 일하고, 배우고, 즐길 수 있는 공간이 되어갈 것이라고 예측하였다.

「도서관법」 제2조(정의)에서 "도서관이라 함은 도서관 자료를 수집·정리·분석·보존하여 공중에게 제공함으로써 정보이용·조사·연구·학습·교양·평생교육 등에 이바지하는 시설을 말한다"라고 정의하고 있다. 이러한 도서관의 정의와 목적이 미래에도 실현될 수 있도록 미래 도서관의 역할과 기능에 관해 다양한 측면에서 논의할 필요가 있다.

미래 도서관의 트렌드, 공유경제

4차 산업혁명, 신기술, 공유경제 등 도서관을 둘러싼 내·외부환경은 빠르게 다변화되고 있다. 공유는 단순히 주변사람들과 나누어 쓰거나, 유휴재산을 통해 수익을 얻는 의미가 아닌 개개인의 일상생활 속에서 자연스럽게 이용하는 하나의 문화, 공유문화로서 자리 잡았다. 특히 인터넷, 모바일 등 신기술을 바탕으로 공유경제 서비스 이용의 편의성과 접근성이 개선됨에 따라 기업 간, 개인 간의 교류가 활성화되고 그 범위에 있어서도 네트워크, 초연결시대를 기반으로 전 세계가 단일화된 시장 또는 대규모 공동체가 형성되고 있다. 특히 단일화된 시장에서는 기업과 기업, 기업과 개인뿐만 아니라 개개인이 시장의 능동적인 참여주체이자 누구나 공급자 내지 수요자가 될 수 있다는 점에서 기존의 체제보다 개개인이 강조되고 중요한 요소로 작용하고 있다.

이처럼 4차 산업혁명의 신기술을 바탕으로 한 공유경제 환경은 지역과 국가의 경계가 허물어진 단일화된 하나의 시장에서 개개인의 일상 속 사람들 간의 소통이 빠르고 넓은 범위에 이루어지고 있다. 생활 속에서 자연스럽게 마주하고 있는 공유경제 서비스, 즉 "공유경제의 보편화시대에 도서관은 어떻게 변해야 할 것인가?"를 고민해 보아야 할 때이다.

2 도서관의 공유가치 실현가능성

도서관은 변화해야 한다, '무엇'보다 '어떻게'

도서관 이용자들의 요구에 대하여 분석한 다양한 선행연구들은 '편의시설', '도서관의 물리적 환경 개선', '도서관의 시설·설비 등 환경 개선', '책

발견의 용이성' 등이 필요함을 시사하고 있다. 또한 사서와 이용자와의 가장 큰 인식 차이는 '공간 활용'에 대한 부분에서 나타났는데, 이용자는 개인 학습공간의 확대를 원했고, 사서는 열람실 축소를 원하였다. 학습공간에 대한 사서와 이용자 간의 차이가 발생하고 있어, 도서관을 '영감을 얻는 창의공간, 탐구를 하는 학습공간, 참여하는 모임공간, 즐거움을 얻는 공연공간'으로 인식을 전환하여 이용자와의 충분한 소통과 공감을 통해 공간계획이 이루어질 수 있도록 해야 한다(차미경, 표순희 2008)고 연구되었다. 이러한 맥락에서 도서관은 어떠한 정보를 얼마나 제공하느냐도 중요하지만, 이용자들에게 정보를 어떻게 제공할 것인가 또한 중요한 요소로 작용하고 있는 것을 알 수 있다.

또 "왜 공유경제 개념을 도서관에서 차용해야 하는가?"라는 물음에, 도서관은 예술문화, STEM(과학·기술·공학·수학), 창의력, 도서, 전자책 등과 같이 다양한 정보를 제공하고자 많은 고민을 했지만, 이제는 어떻게 정보를 제공할 것인가라는 측면에서 "공유경제 개념을 통해서 도서관은 정보를 새롭게 제공할 수 있지 않을까?"라는 궁금증으로 답할 수 있을 것이다.

공유경제의 개척자, 도서관

공유경제라는 말이 도서관 분야에서 사용되기 시작한 것은 비교적 최근의 일이지만, 도서관은 오래 전부터 이미 공유경제를 실현하고 있었던 대표적인 기관들 중의 하나이다. 학자들의 주장과 간단한 사례들을 살펴보면, 도서관에서의 공유경제의 실현 사례는 상당히 많다는 것을 알 수 있다. Garlick(2014)은 "도서관이 진정한 공유경제의 개척자"라고 주장하면서 책이 이용자 간에 공유됨에 따라 그 공유가치는 무한하며, 도서관 공유경제 모델과 현 공유경제 비즈니스 모델(Uber, Peerby, AirBnB 등)의 유일한 차이는 배포매체와 기초자산의 궁극적인 소유권이라고 하였다. Mies(2014)도 최근에 공유경제가 다양한 분야에서 이슈화되고 있지만 도서관에 있어서 공유경제는 새로운 것이 아니라고 주장한 바 있다. 그 외에도 도서관이 공유경제의 초기 모델이라는 것은 많은 자료를 통해 알 수 있다(ALIA 2013; Roy 2014).

실제로 도서관은 유사 이래 공유경제를 실현해 온 산 역사이다. 공간, 물건, 교통, 지식으로 구분되어 공유경제 실현 방향을 논의하고 있지만 도서관은 장소와 공간, 책이나 잡지 및 도서관의 물리적 자원과 함께 소장된 모든 지식과 서비스를 공유해왔다.

공유경제형 도서관서비스 도입가능성

공유경제의 잠재적 가치를 바탕으로 공유경제형 도서관서비스의 도입가능성을 볼 수 있다. 공유경제의 세부적 구조와 내용은 사업 모델마다 다소 차이가 있었으나, 기본적으로 공유경제는 소유가 아닌 유휴자원을 활용함으로써 불필요한 소비자원의 낭비를 줄여 산업 전반에 자원의 희소성이 야기하는 사회경제문제를 완화하고, 거래비용 감소, 가격 인하, 품질수준 제고, 선택 다양성 확대, 새로운 수익원 창출 등의 긍정적 측면을 통해 사회 전체의 효용을 증대할 수 있는 실천적이고 효과적인 대안적 모형으로 해석된다. 이는 전통적인 도서관의 기능 및 역할과 비교할 때 매우 유사한 형태라고 할 수 있는데, 도서관은 이미 수세기 동안 정보, 미디어, 각종 도구 등의 공유를 통해 오늘날 빅 이슈가 되고 있는 공유경제를 실현해왔다. 이와 더불어 2015년 전주시의회의 생활 공구 등을 대여하는 '공구도서관' 시행제안, 개인이 소유하고 있는 책 중에서 더 이상 읽지 않는 책들을 모아 온라인 사이트를 통해 공유하는 '국민도서관 책꽂이' 등이 도서관의 공유경제 모델로 언급되고 있다. 즉 도서관은 열람실, 멀티미디어실, 서가공간 등 공간 및 장소의 공유, 도서, 멀티미디어자료, 각종 IT자원 등 물건의 공유, 그리고 도서관 내 모든 지식 및 서비스의 공유를 이루어왔다.

또한 공유경제는 단순히 경제적 측면뿐만 아니라 사회적, 커뮤니티, 기술적, 환경적 측면에서 부가적·잠재적 가치를 가지고 사회에 기여하고 있음을 알 수 있다. 도서관이 가지고 있는 다양한 자원은 인간의 삶의 질을 높일 수 있는 사회간접자본으로서의 역할을 수행하고 있으며, 산업 전반을 넘어 인간의 본질에 영향을 미친다고 할 수 있다. 즉 도서관이 공유경제 환경에서 도서관이 가지고 있는 자원을 더욱 적극적으로 활용하여야 할 당위성을 준다고 할 수 있다.

다른 측면에서 살펴보면, 공유경제는 유형자원을 넘어 무형자원의 측면에서도 활성화되고 있는데, 정보나 아이디어 등이 ICT기술이나 소셜 네트워크 서비스와 결합되면서 전통적인 시장에서 거래될 수 없었던 무형의 자원이 공유의 차원에서 시간, 경험, 생각, 능력 등의 분야로 확산되고 있다. 이에 따라 공유경제기업에서 제공되는 서비스도 다양해지고 있다. 그러나 이면에는 무형자원의 공유가 확대됨에 따라 무형자원에 대한 신뢰성 및 전문성에 대한 문제가 야기되었는데, 이는 무형자원의 경우 개인이 이를 판단할 수 없는 데서 오는 문제점이다. 하지만 도서관의 경우, 사람책 등 무형자원의 공유 프로그램을 진행하고 있을 뿐만 아니라, 이용자들이 도서관 정보원에 대하여 신뢰하고 있는 것으로 나타나(차미경, 표순희 2008), 무형자원에 대한 공유를 위해 도서관이 중간 다리 역할을 함으로써 무형자원에 대한 신뢰성 및 전문성, 적합성을 보장하는 역할을 할 수 있을 것으로 기대된다.

이와 같이 공유경제의 다양한 측면에서 도서관을 살펴본 결과, 도서관은 과거에서부터 이미 공유경제형 서비스를 수행하고 있는 기관이라고 할 수 있으며, 이를 체계화하고 가시화함으로써 도서관에서 공유경제를 실현할 수 있는 가능성은 무궁무진하다. 또한 공유경제가 가지고 있는 다양한 이점은 도서관서비스에 적용되어 도서관서비스 활성화는 물론 공유경제 생태계를 형성하는 데 중요한 역할을 수행할 수 있을 것으로 기대된다.

하지만 문제는 기존에 수행하는 도서관의 공유경제기능을 어떻게 보여줄 것이며, 누가 그 역할을 적극적으로 이끌어 나가느냐이다. 따라서 오랫동안 공유경제를 실천해 온 도서관이 공유경제의 핵심 모델로써 공유경제 활성화에 어떻게 기여할 수 있을 것인지에 대해 논의할 필요가 있으며, 도서관 공유경제 서비스의 발전 방향을 제안하는 것이 필요하다.

3 공유가치와 도서관의 기능 및 역할의 연결

「도서관법」 제1장 제1조(목적)에서는 국민의 정보접근권과 알 권리를 보장하는 도서관의 사회적 책임과 그 역할 수행에 필요한 사항을 규정하여, 도서관의 육성과 서비스를 활성화함으로써 사회 전반에 대한 자료의 효율적인 제공과 유통, 정보접근 및 이용의 격차해소, 평생교육의 증진 등 국가 및 사회의 문화발전에 이바지함을 목적으로 함을 밝히고 있다.

따라서 도서관은 주어진 사회적 역할을 수행하기 위한 하나의 기능으로 '공유'를 실현하고 있으며, 공유경제 또한 자원의 희소성이 야기하는 경제문제를 완화하고, 사회 전체의 효용을 증대할 수 있는 실천적이고 효과적인 대안경제모형으로, 공유경제와 도서관은 유사한 개념을 기반으로 존재한다.

이러한 유사성을 근거로 하여 본 장에서는 경제, 사회, 커뮤니티 등의 공유가치와 도서관의 세부적인 기능과 역할이 어느 정도 일치하는지에 대해 고찰하였다. 공유경제의 가치는 관련한 선행연구들을 통해 경제・사회・커뮤니티・기술・환경적 측면으로 도출 및 제시하였으며, 도서관의 기능・역할은 공유경제와 도서관서비스 관련 연구(노영희 2016)를 기반으로 4차 산업혁명시대와 미래 도서관에 대한 연구(박옥남 외 2017; 김용 외 2017; 조명대 2017) 등에서 공유가치를 지향하는 도서관의 역할을 수집하여 제시하였다.

즉 "도서관은 어떠한 가치를 지향하고 있는가?," "도서관이 지향하는 가치는 공유경제의 가치와 유사한가?," 또는 "도서관은 이전부터 공유경제의 가치를 실현하고 있는가?" 등의 관점에서 도서관의 가치를 고찰하였으며, 이를 5가지 공유가치 측면에서 분류하는 것에 초점을 맞추었다.

공유경제의 세부적 잠재력과 가치에 따른 도서관의 기능과 역할에 대한 고찰은 다음과 같다.

경제적 가치 실현을 위한 도서관의 기능 및 역할

공유경제가 지향하는 경제적 가치와 관련하여 도서관에서 수행하고 있는 유사 역할, 기능, 가치를 지향하고 있는지 확인하였다. 공공도서관의 경제적 가치는 크게 두 가지 측면으로 볼 수 있다(Holt, Elliott & Moore 1998; Abend & McClure 1999; Horton & Spence 2006). 개인이 받는 가장 대표적인 경제적 혜택으로는 도서, 신문, 잡지 등 자료의 구매를 대신하여 무료로 도서관을 이용함으로써 절약되는 금전적 혜택이다. 플로리다주의 공공도서관은 개인이 받을 수 있는 다양한 경제적 혜택을 취업, 새로운 사업의 착수 등 개인의 사업 발전이나 재정적 이득의 측면에서 기술하고 있다(McClure et al. 2000). 다른 측면으로는 고용, 소비, 수입, 재소비의 증대 및 새로운 고객의 유입, 재정적 지원이 증대되는 것과 같이 지역 경제지표에 변화를 가져오는 활동의 결과로 보는 거시적인 관점이다. 즉 개인적 경제적 혜택은 직접적이며 단기간에 나타날 수 있는 것이며 장기적으로는 위와 같은 혜택을 얻기 위한 지출의 절약으로 개인의 자산 증가나 많은 정보를 접함으로써 해박한 지식과 같은 간접적인 효과를 기대할 수 있다(표순희, 정동열 2008).

또한 1990년 후반부터 시작된 표순희, 고영만, 심현식(2011)의 공공도서관 가치 측정 연구는 이용자의 실질적인 혜택, 즉 영향력이나 가치를 이용자의 시각에서 측정하게 된 계기를 마련하였다. 공공도서관 분야에서 수행된 일련의 가치 측정 연구는 지역사회와 주민들에게 미치는 공공도서관의 영향력 및 가치를 화폐로 측정하여 제시함으로써 도서관서비스의 무형적인 가치를 유형의 데이터로 가시화할 수 있는 충분한 가능성을 제시하였다.

경제적으로 어려운 시기에는 공공도서관의 가치와 이를 통해 경제에 기여하는 역할이 뚜렷이 나타나는데, 경기침체 시 공공도서관 이용자들의 인터넷

접근, 직업 및 사회서비스 지원 등에 대한 이용과 요구가 높아지는 것으로 나타났다(Griffiths & King 2011; Carlton 2009; Yates 2009; Gwinn 2009; Jackson 2009; Sigler et al., in press; Van Sant 2009).

이처럼 도서관의 경제적 가치 평가는 지역경제 가치 향상, 경제 활성화, 인력개발 및 일자리 창출, 공유로 인한 사회적 투자 환원 가치로 평가할 수 있다. 공유경제의 경제적 가치와 도서관의 기능 및 역할을 연계하여 제시하면 〈표 6-1〉과 같다.

표 6-1 공유경제의 경제적 가치와 도서관의 기능 및 역할

공유경제의 가치	가치에 의한 편익	도서관의 기능 및 역할	
경제적 가치	• 경제적 이익 증대: 가계경제 도움 • 자산의 활용도 상승/자원의 효율성: 물건이용도 · 시설활용도 제공 • 소유할 필요 감소(편리함) • 상품소비 절감, 저렴한 사용비용 • 새로운 일자리/비즈니스 기회(신규시장) 창출 • 돈과 시간 절약 • 세계 도처의 쉽고 저렴한 여행 • 수요시장 수익 증대: 저렴한 거래비용 수요자 수익성 개선 • 공급시장 수익 증대: 유휴자원을 통한 거래 수익 창출, 가계 부가수입 발생	물건	도서관 소유 물건의 무료 이용을 통한 금전적 혜택
		공간	도서관의 모든 장소 제공 · 공유

사회적 가치 실현을 위한 도서관의 기능 및 역할

도서관의 사회적 가치를 크게 두 가지 측면으로 살펴보면, 먼저 개인적 혜택으로 여가시간 이용, 정보화된 개인적 결정 수행, 교양, 교육 지원, 평생교육 등이고, 지역사회 측면의 혜택으로 사회적 교류, 지역사회 인지도 상승, 교양, 민주사회 형성이다(Matthews 2004). 또한 공공도서관이 추구하는 새로운 사회적 임무로는 문해, 교육, 평생학습, 고용, 가족, 빈곤, 건강, 민주주의, 지역문화 등의 서비스 제공 등을 포함하고 있다(Matarasso 1998).

다음으로 공공도서관의 사회적 가치를 측정을 위한 평가지표는 지역사회 개발, 지역사회의 연계, 지역주민의 삶의 질 향상, 지역주민의 평등화, 지역사회에 필요한 정보제공서비스로 구분할 수 있다. 공공도서관은 지역주민들에게 정보이용과 장서구축 등의 전통적 기능 외에도 다양한 문화행사와 콘텐츠, 그리고 평생교육서비스가 제공되는 장으로 기능한다(노영희 2017). 이러한 역할을 통해 공공도서관은 지역사회 및 경제발전, 지역주민의 삶의 질 향상 등의 사회적 가치와 영향력을 가진다(노영희 2017; 차미경 2003). 공공도서관은 지역경제 또는 기업과 인력에 관한 정보제공을 통해 지역경제 발전에 영향을 미칠 수 있으며, 주민들의 커뮤니티활동을 통한 교류와 의견교환 등은 주민들 간의 통합과 민주화에 기여하기도 한다. 이 외에도 일반주민이나 장애인, 다문화가족, 이민자 등 취약계층의 정보능력 향상을 통해 사회적응력을 높임으로써 지역주민의 평등화에 기여할 수 있다. 각종 문화행사 또는 전시 관람을 통해 지역주민의 문화 향유를 가능하게 한다는 점도 공공도서관의 중요한 역할이라고 할 수 있다(Rasmussen & Jochumsen 2003; 노영희 2017; 차미경 2003). 이처럼 공유경제의 사회적 측면에서의 가치는 도서관의 사회적 기능과 같은 맥락에서 이해되고 해석되어진다.

사회적 가치 측면에서 도서관의 공유가치를 실현하기 위해 그 기능을 크게 세 가지로 구분할 수 있다. 먼저 지식정보서비스 제공 역할이다. 도서관은 첨단의 정보통신기술을 적극 수용하여 자원의 소장과 접근이 공존하는 정보원을 구축하고, 도서관의 전통적 정보서비스와 최신 디지털 정보서비스를 제공하면서 정보격차 해소를 위해 노력하고 있다. 특히 도서관은 정보취약계층의 지식정보서비스를 위해 필요한 모든 조치를 다해야 함을 「도서관법」에 명시하면서 정보격차 해소를 위해 더욱 적극적인 자세로 임하고 있다(고영삼, 조용완 2007).

다음으로 도서관은 교육적 역할을 통해 사회적 가치를 창출한다. 이용자들은 지역도서관의 자원에 대한 가치와 신뢰를 바탕으로 개인의 역량을 강화하면서, 지역민이 사회의 커다란 변화에 적응하고 창의력을 개발함으로써 개인과 지역사회의 경제·사회적 혜택을 받을 수 있도록 하는 것을 의미한다(박성우, 장우권 2009).

마지막으로 도서관은 콘텐츠, 즉 다양한 프로그램을 통해 이용자들의 문화·예술 관련 문화적 향유와 활동을 독려함으로써 사회적 기여를 하고 있다. 도서관은 지역민의 문화적 향유와 활동을 독려하여 문화와 예술 발전의 토대를 제공하고 또한 사회적 문제에 대한 관심의 폭을 확장시켜 시민적 참여를 활성화하여 민주주의 기반을 형성하고 있다(박성우, 장우권 2009). 이와 같은 맥락에서 「도서관 및 독서진흥법」 제20조 5항에는 "공공도서관은 강연회, 감상회, 전시회, 독서회 기타 문화활동 및 평생교육을 주최하고 장려한다"라고 규정함으로써 공공도서관에서의 문화적 및 교육적 기능을 강조하고 있는 것을 알 수 있다. 또한 공공도서관의 사회교육적 기능 강화, 지역주민들의 문화수준 증진, 지역적인 문화격차 해소, 지역의 잠재적 이용자나 비이용자들에 대한 도서관 유인·유입 기회 제공 등을 위해서는 공공도서관의 문화교육적인 기능에 대한 중요성이 점점 증가할 수밖에 없다(김홍렬 2004)고 판단되고 있다. 이렇듯 도서관은 교육·문화 프로그램을 개설하여 지역주민이 정보에 접근하고 활용할 수 있도록 노력하며, 문화생활과 관련한 매우 다양한 역할들을 수행함으로써 도서관의 사회적 측면의 공유가치를 설명하고 있어, 도서관은 사회의 기여를 크게 문화적(콘텐츠), 교육적, 정보제공 측면에서 제공하고 있는 것을 알 수 있다.

공유경제의 사회적 가치와 도서관의 기능 및 역할을 연계하여 제시하면 다음과 같다.

표 6-2 공유경제의 사회적 가치와 도서관의 기능 및 역할

<table>
<tr><th>공유경제의 가치</th><th>가치에 의한 편익</th><th colspan="2">도서관의 기능 및 역할</th></tr>
<tr><td rowspan="3">사회적 가치</td><td rowspan="3">• 사회문제 해결에 기여: 교통문제, 주차문제, 재난대응, 교육 등
• 지역경제 활성화: 새로운 일자리 창출(계약과 노동의 유연성 제고), 새로운 직업·사업 모델 등장, 창업 고취, 사회혁신 자극 등
• 취약계층 도움: 고가의 상품이나 독점적인 재능과 서비스의 공유 기회 제공, 노인복지, 소유에서 공유로의 전이에 의한 새로운 평등한 사회·경제·문화 구조
• 오프라인 이슈 해결과 혁신 가속화</td><td>지식 정보 서비스</td><td>• 정보화 시민 양성</td></tr>
<tr><td>교육</td><td>• 개인학습 지원
• 평생교육기능
• 연구 및 학술활동 기여
• 교육자료 제공
• 교육환경 조성
• 독서역량 강화</td></tr>
<tr><td>콘텐츠</td><td>• 문화, 예술 관련 문화적 향유와 활동 독려
• 지역역사, 족보
• 지역문화 계승 및 홍보</td></tr>
</table>

커뮤니티 가치 실현을 위한 도서관의 기능 및 역할

공유경제는 이윤을 추구할 뿐만 아니라 사회공동체와 끊임없이 상호작용하는 과정에서 신뢰와 연대의 누적을 통해 사회공동체 구성원으로서의 소속감을 느끼게 한다. 이를 통해 산업화 이후로 계속 문제시되어왔던 해체되는 공동체를 극복하고 공동체의 회복을 기대할 수 있으며 동시에 개인에게 융합을 통한 새로운 경험을 제공한다. 예를 들어 에어비앤비 같은 경우, 여행지에서 일반적으로 숙박하던 호텔 이외에 현지인과 함께 일상을 공유하고 즐기는 체험을 할 수 있는 기회 혹은 가치를 얻게 한다(차두원, 진영현 2015).

도서관 역시 이러한 공유경제의 커뮤니티 가치와 유사한 기능을 수행하고 있다. 많은 사람들이 도서관을 공동체의 모임장소이자, 공동체의 정보 및 오락의 중심지로서 지역 내 커뮤니티와 네트워크 연결망을 구성할 수 있기 때문이다. 동시에 소셜 네트워크, 인터넷을 활용하여 오프라인에서 온라인으로 확장・확대되면서 사람들의 소통과 협력, 커뮤니티를 구축하는 기능이 가능해지면서 도서관의 커뮤니티 역할 및 가치가 강조되고 있다(Farkas 2007). 이 외에도 공공도서관은 지역의 정체성, 공동체 결속력, 민주적 시민의식을 강화하고 교양, 평생교육, 어린이의 학습, 정보기술, 학술과 전문적인 성공에 기여함으로써 혜택을 제공할 수 있다고 다수의 문헌에서 언급되고 있다(Debono 2002; Kerslake & Kinneli 1998; Fitch & Warner 1998; Poll 2003; Berryman 2005). 특히 Berryman(2005)은 공공도서관의 역할로 지역정체성과 공동체에 대한 의미의 강화, 학습 취약자나 실업자와 같은 공동체의 주변 구성원 간의 교류 증진, 정보의 접근과 이용에 안전한 환경의 제공, 공동체 통합 구축 등을 언급하고 있다.

노영희(2017)는 도서관의 사회적 가치에 대한 평가 영역을 지역사회 개발(커뮤니티활동을 위한 다양한 공간 제공, 사람과 아이디어 연결의 중개자), 지역사회의 연계(지역커뮤니티의 생성과 강화, 지역주민의 연계성 강화 기여, 대인관계 향상에 기여), 지역주민의 삶의 질 향상(레크리에이션 강화, 건강증진 기여, 삶의 질 향상 기여), 지역주민의 평등화(취약계층에 대한 기여, 지역주민의 평등), 지역사회에 필요한 정보제공서비스로 구분하고 있다. 또한 제2차 도서관종합발전계획(2014~2018년)에서는 이용자 간 커뮤니티 및 네트워크 형성을 위한 앱 '무한상상장터(가칭)' 개발・보급, 지방자치단체를 중심으로 다양한 '마을 만들기'사업 추진, 지역민의 커뮤니티 기능 강화, 커뮤니티 공간 제공 등의 도서관을 기반으로 한 지역사회 커뮤니티 형성에 대한 추진전략을 포함하고 있다.

공유경제의 커뮤니티 가치와 도서관의 기능 및 역할을 연계하여 제시하면 다음과 같다.

▌표 6-3▐ 공유경제의 커뮤니티 가치와 도서관의 기능 및 역할

공유경제의 가치	가치에 의한 편익	도서관의 기능 및 역할	
커뮤니티 가치	• 사회적 신뢰 향상, 공유(상품과 서비스 교류)를 통한 신뢰관계 구축 및 향상 • 커뮤니티(공동체) 활성화 • 공유의식 향상, 공동체의식 • 사회적 가치 회복 • 사회적 관계 강화 • 개인에게 새로운 경험 제공	네트워크	• 모임의 장소 • 지역정체성과 공동체 강화
		경험·재능	• 새로운 경험 제공 • 각 개인의 재능을 공유

기술적 가치 실현을 위한 도서관의 기능 및 역할

4차 산업혁명의 다양한 최신기술은 모두 사람을 중심으로 인간의 생활방식을 혁신적으로 변화시키고 있으며, 도서관을 둘러싼 환경 또한 변화의 소용돌이 안에 있다.

이에 따라 4차 산업혁명을 대표하는 사물인터넷, 빅데이터, 인공지능, 클라우드, 디지털 콘텐츠 등의 신기술을 바탕으로 상시 정보 전달을 위한 서비스를 도입하여 미래 도서관을 지향하는 것이 필요하다. 구체적으로 도입이 필요한 신기술로는 이용자 정보의 체계적 관리·활용을 위해 책봇, 스마트그리드 로봇시스템, 물품관리시스템 등이 언급되고 있으며(김용 외 2017), 그 외에도 지능형 데이터, 개인화, 스마트 디바이스, 가상현실서비스, 지능형 스택내비게이션서비스, RFID 셀프순환시스템 등이 있다.

4차 산업혁명시대는 도서관에 기술적 향상을 요구하고 있으며, 사람 중심의 신기술을 바탕으로 이용자들이 도서관을 활용함에 있어 혁신적 변화를 가져옴으로써 편의성을 증진시키는 것을 주목적으로 운영되고 있다. 박옥남(2018)은 4차 산업혁명은 기존 영역의 경계를 넘어 다양한 기술융합을 통해 나타나는 지능화된 사회변화를 의미하며 초연결성, 초지능화, 맞춤화를 키워드로 제시하고 있다고 하였다. Gorman의 "신도서관학 5법칙(1995)"에서도

"도서관 봉사를 확대하기 위하여 과학기술을 지적으로 이용하라"고 언급하고 있다. 이처럼 공유경제의 기술적 가치는 도서관의 신기술 도입을 통한 서비스 첨단화만을 의미하는 것이 아닌, 4차 산업혁명시대의 기술융합을 통해 나타나는 사회 변화에 발맞춘 이용자서비스를 제공하여 이용의 편리성, 시간 절약 등을 도모해야 한다. 이를 위해 제2차 도서관종합발전계획(2014~2018년)에서는 빅데이터 기반의 도서관서비스 기술 연구·개발 필요, 디지털자료 발굴·확충, 소셜 미디어, 소셜 네트워크, SNS·개인화서비스, 전자식별(RFID)기술을 적용한 U-도서관 구축, 도서관 IT자원의 효율성 제고, 스마트 서비스에 적합한 미래 도서관서비스 인프라 조성을 위해 클라우드기술 도입 등의 내용을 제시하여 도서관의 신기술 적용 및 이에 따른 이용자의 편리성을 지향하고 있다.

또한 기술적 성장을 통한 효과적인 도서관서비스 제공과 함께, 4차 산업혁명이 불러올 변화에 대처하기 위한 구체적인 계획 또는 국가적 차원의 정책 수립이 요구되고 있다(국립중앙도서관 2017b). 이에 대한 국내의 대응은 시작 단계에 불과하지만, 해외 주요국에서는 이미 도서관에서의 대응이 빠르게 진행되고 있다. 미국, 중국, 싱가포르, 영국 등 해외 주요국 도서관에서의 대응 현황을 보면(박태연 외 2018), 먼저 미국의회도서관의 경우 국민에게 풍부하고 다양한 지식정보를 지속적으로 제공하기 위해 필요한 주요 전략 중 하나로 기술(technology)을 선정하였으며, 도서관에서 최신의 기술 인프라를 효율적으로 사용해야 함을 강조하였다. 중국국가도서관(National Library of China, NLC)에서는 '선진기술로 강화되는 도서관'이라는 전략을 기반으로 사서의 전문성을 개발하기 위한 탐구를 수행하고 현대 정보기술의 적용을 가속화하고자 하였다(국립중앙도서관 2017a). 영국국립도서관은 Living Knowledge: The British Library 2015-2023에서 정보기술혁신에 대응하여 2030년까지 달성해야 할 도서관의 비전을 제안하고 있다.

이와 더불어 사서들의 신기술 교육 및 재교육 프로그램 마련이 시급하다. 단, 이러한 신기술 활용서비스 도입 시에 정책 및 제도, 조직, 인력, 공간, 시설 등 행정적인 시스템에 대한 재설계 및 지원방안도 병행되어야 한다. 또한 기술의 발달과 함께 사서의 업무 또한 디지털 정보관리, 디지털 교수학습자료 개발, 디지털 정보시스템 운영, 네트워크에 의한 도서관 상호협력 등으로 변화가 요구되고 있다(안인자 2005).

이와 같은 도서관의 기능·역할과 공유경제의 기술적 가치와 연계하여 제시하면 다음과 같다.

표 6-4 공유경제의 기술적 가치와 도서관의 기능 및 역할

공유경제의 가치	가치에 의한 편익	도서관의 기능 및 역할	
기술적 가치	• 인터넷, 웹3.0, 모바일 소셜 네트워크 등 신기술의 환경을 기반으로 둔 비즈니스 모델 • 인터넷을 통한 접근성 향상, 온라인 이용 향상, 스마트 디바이스	신기술	• 4차 산업혁명시대에 대응 정책 마련
		편리성	• 4차 산업 관련 기술 도입

환경적 가치 실현을 위한 도서관의 기능 및 역할

환경과 도서관은 보는 시각에 따라 관련성이 없어 보일 수 있으나, 도서관은 환경적 측면에서 중요한 역할을 한다. 예컨대 도서관은 천연자원이나 재생자원의 사용을 최대화할 수 있는 방법을 모색함으로써 물과 에너지의 사용을 줄이는 것, 건물 및 도서관 부지 디자인에 실제 녹음과 식물을 통합하는 것, 가급적 가뭄저항이 있는 원시식물을 사용하는 것, 그리고 도서관 이용자들의 건강에 도움이 되도록 실내 공기품질에 대해 높은 표준을 유지하는 것 등이 있다(노영희 2015). 또한 도서관의 변화를 통해 도서관의 친환경을 추구할 수 있고, 보다 발전된 형태의 도서관 녹색화를 위해 새로운 시도를 해 볼 수도 있다. 이러한 도서관과 친환경성의 연관성을 바탕으로 녹색도서관 인증을 위한 평가항목 개발에 대한 연구도 이루어졌다. 도서관의 친환경성을 평가하는 항목으로 서비스·자료·교육적 요인 등으로 구분할 수 있으며(Miller 2010), 도서관 자원절약, 공간 활용, 도서관 용품 및 장서, 기증, 실내환경, 생태환경, 유지관리, 물순환관리, 재료 및 자원, 토지이용 및 교통, 에너지 및 환경오염방지, 친환경 교육 프로그램 및 캠페인, 친환경적 직원 및 운영, 전산화로 범주화하여 제시할 수 있다(노영희 2015).

실제 도서관의 사례를 통해 살펴보면 LAPL Lake View Terrace Branch Library는 입구와 커뮤니티 방을 덮는 광발전시스템을 통해 에너지를 절약하고 있으며, LAPL Harbor City–Harbor Gateway Branch Library의 건물은 기존의 나무 바닥에 빠른 재생이 가능한 대나무를 사용하여 건설되었다. 이 외에도 특수 수도관 시설을 통해 실내에서 20% 이상의 물을 절약하고 있으며, 오염물질을 방출하지 않는 휘발성 유기 화합물질 발생 정도가 낮은 페인트, 스테인, 접착제, 카펫 등의 제품을 사용하고 있다(노영희, 안인자 2012).

표 6-5 공유경제의 환경적 가치와 도서관의 기능 및 역할

공유경제의 가치	가치에 의한 편익	도서관의 기능 및 역할	
환경적 가치	• 자원생산성을 높임으로써 도시화, 자원고갈, 환경문제로 인한 지속가능성의 위기를 극복할 수 있는 대안 • 자원낭비 최소화, 자원절약 • 환경오염 방지(최소화), 환경보호 • 지속가능성, 친환경성 실천	친환경성	• 녹색도서관, 친환경 도서관 • 도서관 건물의 친환경 적용 • 도서관 에너지 사용과 녹색화

4 공유경제 가치 실현을 위한 도서관의 기능 및 역할

앞서 공유경제의 경제적·사회적·커뮤니티·기술적·환경적 가치와 도서관의 기능 및 역할에 대해 알아보았으며, 이를 기반으로 공유경제 환경에서 공유가치를 실현하는 도서관의 역할과 업무를 제시하면 다음과 같다.

표 6-6 공유경제 환경에서 도서관의 기능 및 역할

공유경제의 가치		공유자원	공유경제 관련 도서관의 기능과 역할	
			기능 및 역할	세부 예시
경제적 가치	• 자산 활용도 상승	물건	• 도서관 소유 물건의 무료 이용을 통한 금전적 혜택	• 도서, 멀티미디어, 영화 및 영상자료, 학술웹정보, 아카이브자료 등 도서관에 소장하고 있는 모든 자원 • 컴퓨터 · 프린터 · 스캐너 · 복사기 등 장비 · 기계 • 아나바다의 공유물건 • 악기, 스포츠도구, 가정용품 등 각종 공구
	• 시설 활용도 제고	공간	• 도서관의 모든 장소 제공 · 공유	• 열람실 · 그룹스터디실 · 세미나실 · 서가 · 멀티미디어실 · 시청각실 · 소강당 · 대강당 · 전시실 등 • 창업공간, 실험실공간, 스토리텔링 공간, 작업공간, 최첨단 세미나실, 무한상상실, 다양한 목적별 가상공간 • 도서관 주차공간, 휴게실, 북카페 등 • 디지털 도서관 Information Commons 및 서비스 강화 (디지털 도서관 모바일 앱 서비스 강화) • 정보광장, 디지털 체험존, 전국 도서관의 정보화공간 마련
사회적 가치	• 지역경제 활성화 • 새로운 일자리 창출	지식정보 서비스	• 정보화 시민 양성	• 도서관의 모든 정보자원에 있는 지식 • 참고서비스 · 대출서비스, 상호대차서비스 · 원문제공 서비스 • 각종 콘텐츠 · 주제별 특성화자료 · 각종 주제의 지식 • 전문지식정보서비스(전문적인 학술연구자료) • 실무자 교육훈련: 지능정보화기능에 기술적인 서비스, CS 교육 강화

사회적 가치				• 개인서비스: 큐레이션 기반의 맞춤화서비스, 독서치유서비스 • 세대별 평생학생 프로그램 구축, 이용자 유형별 단계별 도서 추천(코디네이터)
	• 취약계층 도움	교육	• 개인학습 지원 • 평생교육기능 • 연구 및 학술활동 기여 • 교육자료 제공 • 교육환경 조성 • 독서역량 강화	• 취약계층을 포함한 교육환경 조성(노년층 대상 교육) • 전문인력 • 정보활용교육, 신기술 활용능력 교육을 통해 재능과 서비스의 공유 기회 제공 • 어학정보 프로그램: 외국어, 한문, 컴퓨터 정보 등 • 독서교육 · 도서관이용교육 · 도서관행사 프로그램
	• 정보공유 활성화	콘텐츠	• 문화, 예술 관련 문화적 향유와 활동 독려 • 지역역사, 족보 • 지역문화 계승 및 홍보	• 콘텐츠 생산자로서의 이용자 참여 지원 • 지역주민 공유 프로그램 · 장기적 프로젝트 • 공동워크숍, 행사, 교육전시 문화 프로그램 개최 및 확대 • 자산의 교환 구조: 개인이 공유경제활동의 누적치를 공유, 평판의 자산화 · 사회적 자산 은행 소셜 브랜드에 대한 공유를 국가의 인프라화
커뮤니티 가치	• 새로운 인간관계의 확대 • 공동체의식 회복	네트워크	• 모임의 장소 • 지역정체성과 공동체 강화	• 타인과의 관계를 형성해 주는 사회연결망이자 정보교환의 장 마련 • 소셜 미디어 활용 아웃리치 서비스 · 목적별 SNS 서비스 공유 · SNS 서비스 활성화로 이용자들 간의 소통과 경험 공유의 장 마련(이용자의 공유의식 향상) • 참여기관 등의 네트워크 확대
				• 전문가멘토링 · 전문가들의 경험과 지식재능기부 · 교육 노하우

	• 사회적 의식 향상 • 공유를 통한 신뢰관계 구축 및 향상 • 공동체의식 회복	경험·재능	• 새로운 경험 제공 • 각 개인의 재능을 공유	• 창업아이디어·각종 주제별 오픈강의 공유·각종 채용 정보 • 도서관 사회교육기능 및 서비스 제공(중점 주제문헌도입, 미성년자 등 특수그룹에 대한 서비스)
기술적 가치	• 4차 산업을 고려한 기술적 측면	신기술	• 4차 산업혁명 시대에 대응 정책 마련	• 4차 산업혁명시대의 6대 기술: 인공지능, 사물인터넷, 클라우드컴퓨팅, 빅데이터, 모바일, 휴먼로봇 • 도서관은 4차 산업혁명으로 발생하는 기술이나 정보의 격차가 발생하지 않도록 지원하는 역할 수행
	• ICT와 접목되어 기능적 향상, 수요견인 역할 • 온라인 이용 향상 • 기술 향상에 따른 편리함 증가 • 시간절약효과(이용의 편리성)	편리성	• 4차 산업 관련 기술 도입	• 인터넷, 웹3.0, 모바일 소셜네트워크 등 기술발전환경에 부합함으로써 이용자들의 편의성 증대 추구, 정보비대칭성 해소, 거래비용 감소 • 전자책리더기·BookMachine 등 자가출판시스템 • 인터넷을 통한 접근성 향상 • 온라인 이용 향상 • 디지털자료에 대한 전자적 접근 확보 • 온오프라인자료와 프로그램의 One-Stop 통합서비스 • 스마트 디바이스
환경적 가치	• 자원생산성을 높임, 자원낭비 최소화(자원절약) • 환경오염 최소화(환경보호) • 지속가능성 • 친환경성 실천	친환경성	• 녹색도서관, 친환경도서관 • 도서관 건물의 친환경 적용 • 도서관 에너지 사용과 녹색화	• 도서관의 친환경성을 평가하는 항목으로 서비스·자료·교육적 요인, 도서관 자원절약, 공간 활용, 도서관 용품 및 장서, 기증, 실내환경, 생태환경, 유지관리, 물순환관리, 재료 및 자원, 토지이용 및 교통, 에너지 및 환경오염방지, 친환경 교육프로그램 및 캠페인, 친환경적 직원 및 운영, 전산화 측면에서 친환경 추구 및 도서관 녹색화 추진

7 CHAPTER 공유도서관 만들기

1 도서관의 공유가치 실현

도서관에서 공유경제 적용하기

도서관 또는 책과 관련한 공유경제 사례는 국내외적으로 상당히 많이 발견할 수 있다. 국민도서관 책꽂이뿐만 아니라 스마트폰의 발전으로 활용성이 낮아진 공중전화부스를 무인도서관으로 활용하는 사례들도 있다. 경기권역 도심을 중심으로 공중전화부스를 활용한 무인도서관은 '스토리가 있는 행복 플랫폼', '책뜨락', '인문학도서관' 등 마을마다 특징적인 이름으로 불리며 시민들의 지식창고가 되고 있다. 이 외에도 각종 공구들을 필요한 사람과 공유하는 전주시의 공구도서관과 같은 사례 등이 있다.

Australian Library and Information Association(2013)은 도서관과 도서관 사서는 공유경제, 자원 및 공간 공유에 있어서 그 잠재력과 가치를 증명해 온 리더라고 주장하고 있으며, 다만 공유경제의 적용 분야가 전자장치, 교통, 도구, 교육, 장비 등으로 확대되고 있는 만큼 도서관도 그 변화를 수용해야 된다고 하고 있다. 즉 도서관은 공유경제시대에 할 수 있는 것과 사람들이 관심이 있어 하는 것 등을 찾아 공유하게 함으로써 그들의 요구를 충족시켜야 한다는 것이다.

Jeremiah Owyang(Chief Catalyst and Founder of Crowd Companies)은 고객이 개인적으로 책을 소유하는 대신에 도서관자원을 공유해왔기 때문에 공유경제의 초기 모델은 도서관이라고 하였다(Roy 2014). 실제로 도서관은 수세기 동안 책, 저널, 디지털자원 등을 이용자에게 공유될 수 있도록 제공해왔다. 최근에는 무한상상실을 도서관에 마련함으로써 지식뿐만 아니라 경험, 공구, 장비, 독서감상, 스토리 등을 공유하여, 공유자원의 범위를 확대해 가고 있다. 공유경제에서 말하는 장소, 물건, 지식의 공유는 이미 도서관에서 이루어지고 있었던 것이다.

공유경제의 장소, 물건, 지식 및 서비스의 세 가지 축을 중심으로 도서관에서 적용되었던 개념과 앞으로 확장가능한 공유서비스를 중심으로 적용방

그림 7-1 도서관 공유경제 실현 사례 및 확장가능성 모델

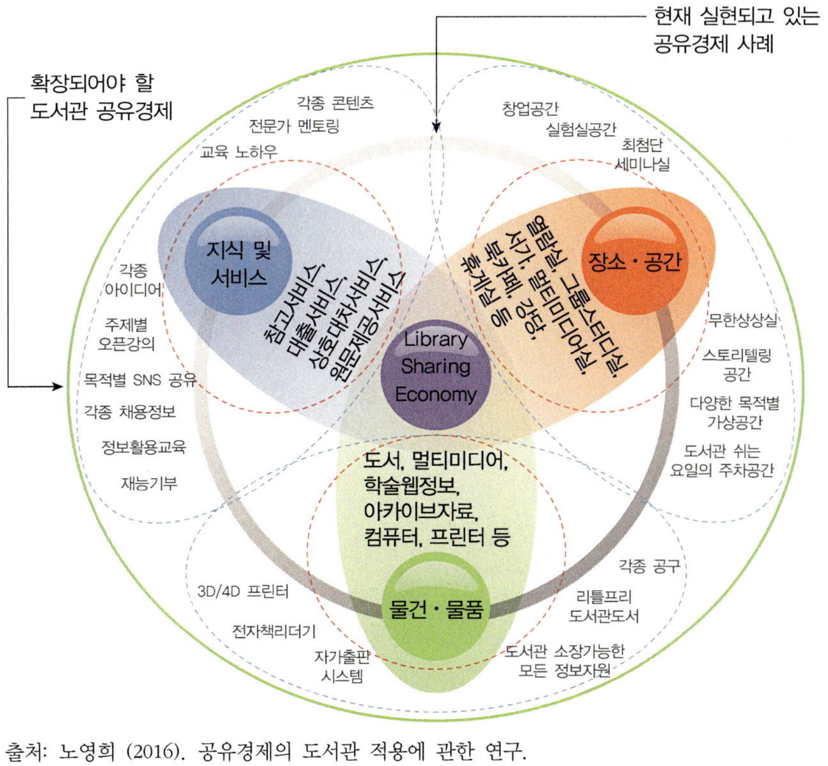

출처: 노영희 (2016). 공유경제의 도서관 적용에 관한 연구.

안 등을 확대하여 검토하면 [그림 7-1]과 같다. 안쪽 원은 현재 실현되고 있는 공유경제 사례이고, 바깥쪽 원은 확장되어야 할 공유경제 사례이다.

2 도서관의 공유경제 서비스

공유경제 서비스 모델 구체화

현재 공유경제와 관련한 다양한 사업들이 진행되고 있으며, 이들은 대부분 개인 간 또는 기업 간의 공유경제 모델이다. 공유경제 서비스는 유휴 재화나 서비스를 공동으로 함께 사용하여 비용절감, 자원절약, 협상력 및 신뢰도를 제고할 수 있는 등 많은 장점을 가지고 있다. 이에 공유경제 모범 사례를 발굴하여 서비스 모델을 종합적으로 구체화하여 도서관 공유를 실현할 필요가 있다.

이는 서비스를 효율적으로 실행·관리하는 데 기여할 수 있을 것이며 궁극적으로 공유경제 서비스를 제공하는 사람이나 서비스를 이용하는 사람 모두의 삶의 질을 향상시킴과 동시에, 나아가 사회·경제적인 파급효과가 지대할 것으로 사료된다.

도서관 공유경제의 확장

도서관에서 공유경제를 실현할 수 있는 방안이 있는가에 대한 논의는 지금의 공유경제 범위보다 훨씬 확장된 실현방안을 말하는 것이다. 즉 도서관은 이미 수세기 동안 정보, 미디어, 각종 도구 등의 공유를 통해 오늘날 빅 이슈가 되고 있는 공유경제를 실현해왔다.

다만 도서관은 공간 및 장소(열람실, 멀티미디어실, 서가공간 등)의 공유,

물건의 공유(도서, 멀티미디어자료, 각종 IT자원 등) 등 도서관 내 모든 지식 및 서비스의 공유를 이루어왔다.

향후 공유경제는 인적·물적 자원을 공유하는 사회·경제적 생태계(Socio-Economic Ecosystem)를 만드는 것으로 도서관의 자원뿐만 아니라 외부자원을 공동 활용하는 쪽으로 확장하는 것이 요구된다고 할 수 있다. 예를 들어 도서관이 스마트워크센터로서의 기능을 제공해 주는 것으로, 누구나 가까운 도서관의 업무환경(컴퓨터, 프린터, 스캐너, 화상회의기능, 각종 필기도구 및 사무집기 등)이 완벽히 갖추어진 스마트워크 공간을 공유할 수 있도록 해 줄 수 있을 것이다. 또한 도서관들이 지역단위로 중심이 되어 리틀프리도서관의 플랫폼 역할을 한다면, 도서관자원뿐만 아니라 개인소장자료도 공동 활용할 수 있는 모델을 제공할 수 있다.

도서관 공유가치 실현을 위한 사서의 역할

신기술이 발달함에 따라 단순한 업무들은 기계가 대체하고 있으며, 인공지능, 로봇 등이 발달함에 따라 대체 범위는 지속적으로 증가할 것으로 판단된다. 이러한 사회적 변화와 발달에 도서관 또한 사서 수 감소 등 상당 부분의 재조정이 이루어질 것으로 보이지만, 이면에는 단순 업무가 대체됨에 따라 사서는 더욱 질적으로 풍부한 서비스에 집중할 수 있으며, 이용자들에게 포커스된 서비스를 제공할 수 있고, 사서들의 창의적인 업무와 함께 새로운 측면의 역할들이 강조될 것으로 생각된다. 또한 도서관에서 공유경제를 실현할 수 있는 가능성은 무궁무진하지만, 문제는 누가 그 역할을 적극적으로 하고 이끌어 나가느냐이다. 모든 일의 성패는 사람에게 달려있듯이 사서는 도서관의 핵심으로 도서관의 공유경제는 사서가 실현해내야 하는 것이다.

그 예로 리틀프리도서관을 통해 도서자료의 공유경제를 실현한다고 할 때, 도서관을 중심으로 리틀프리도서관을 만들고 도서관의 자원은 물론 개인이 소장하고 있는 자원들을 가져다 놓도록 하며, 이를 전국적인 네트워크 구축을 통해 SNS 등을 활용하여 홍보하고 효과적으로 이용할 수 있도록 하는 것은 사서의 몫이라고 할 수 있다. 그 외에도 도서관에 구축된 다양한 주제로 운영되고 있는 무한상상실 공유 플랫폼을 구축하는 것, 도서관에서 봉사할 전문가 풀을 구축하여 인력 공유경제를 실현하는 것, 장소 및 도서관의 기능별 정보를 구축하여 공유할 수 있는 플랫폼을 구축하는 것 등은 다수의 사서가 협력적으로 수행해야 할 것으로 보인다.

이러한 논의는 해외에서도 이루어지고 있다. Awimbo(2014)와 그의 동료들은 'Community Share Workshop with the MSDE'를 개최하여 약 50명의 사서들이 참여한 가운데 공유경제시대에 사서의 역할은 무엇인지에 대해 논의했으며, 공유경제를 도서관에 도입하는 방안, 도서관 프로그램에 공유개념을 적용하는 방안, 공유프로젝트와 관련하여 함께 일할 그룹을 위한 회의실을 만들어 주는 것, 공유프로젝트에 관심이 있는 지역사회 관계자를 초대하는 것 등의 아이디어가 제안되었다.

이미 우리나라에서는 공유허브를 구축하여 국내의 모든 공유경제를 등록하고 활용될 수 있도록 하고 있다. 공유하는 법 및 공유 플랫폼에 대해 매우 상세히 소개하고, 누구라도 쉽게 공유경제를 실현할 수 있도록 하고 있음을 알 수 있다. 따라서 공유도서관(Sharing Library)을 구축하고 공유경제를 실현할 것을 공유경제시대에 적극적으로 제안하고자 한다.

3 도서관 공유경제 서비스 모델의 구성 요소

도서관은 누구와 공유할 것인가?

공유경제는 공유 '플랫폼'을 통해 사람 간, 기업과 사람 간 등 객체와 객체의 네트워크를 형성한다. 도서관 자체가 도서관의 자원을 제공하는 플랫폼이

될 수도 있고, 도서관이 거대한 플랫폼의 일부 역할을 수행할 수 있다.

향후 도서관이 추구해야 하는 것은 더 많은 물건과 지식, 공간을 공유하고자 하는 노력과 함께 도서관은 이용자들 간에, 도서관과 이용자 간에, 나아가 도서관과 이해관계자 간에, 이용자가 원하는 내용과 이와 관련된 유사단체·기업들 간에 소통·나눔·공유를 지향해야 한다. 도서관과 함께 공유라는 목적을 실현할 수 있는 대상이 누구인가는 사실 고민할 필요가 없을 수도 있다. 공유의 대상은 개인, 기업, 집단, 누구나 될 수 있기 때문이다. 그러나 일반적으로 도서관 공유에 참여할 수 있는 주체들을 범주화하여 제시하면 다음과 같다.

- **도서관 간의 공유**: 학교도서관, 공공도서관, 작은도서관, 국가도서관(분관), 시·도 지역 대표도서관, 대학도서관, 전문도서관 등
- **도서관과 유관기관 간의 공유**: IT정보공유협회, 한국정보과학회, 한국박물관협회, 한국문예학술저작권협회, 대한인쇄문화협회 등
- **도서관과 지역 간의 공유**: 지역자원, 지역문화 등
- **도서관과 이용자 간의 공유**
- **지역주민과 지역주민 간의 공유**
- **지역 공유기업과 지역주민 간의 공유**

도서관이 공유가치를 창출할 수 있는 방법 중 하나는 도서관 이용자들을 새로운 관점으로 인식하는 것이다. 도서관 이용자들과 잠재적 이용자들을 파악하여 도서관이 생각했던 이용자의 패러다임을 바꾸어야 한다. 먼저 새로운 이용자들이 누구인지 규정하고, 기존에 정보·문화 등의 유통경로에서 만날 수 없었던 이유를 파악해 볼 수 있다. 새롭게 만날 수 있는 이용자들의 특성, 규모를 파악해 그들이 도서관에 어떠한 요구를 하는지를 찾아 도서관은 공유가치를 만들어낼 수 있을 것으로 판단된다.

특히 최근 사람들은 공유를 일상화하고 있다. 트위터, 인스타그램 등 SNS에 자신들의 하루의 식사, 맛집, 패션, 등 개인 삶의 작은 일상을 공유하고

'좋아요'와 리트윗 등을 통해 사람들과 소통하고 공감한다. 이미 우리의 삶은 공유와 나눔을 통해 새로운 의미와 가치를 추구하고 있는 것이다. 이러한 점을 고려하여 도서관은 다양한 주체들 간의 공유에서도 이용자와 이용자 간의 공유, P2P 공유를 도서관에서 어떻게 활성화시킬 것인지 고민해야 한다.

도서관은 무엇을 공유해야 하는가?

기존 도서관 협력 네트워크라는 명칭하에 도서관 간 또는 도서관과 유관기관 간에 공유되었던 물리적 및 비물리적 요소는 다음과 같다.

- 정보 공유: 각 도서관의 경험, 노하우, 유관기관 네트워크 등
- 프로그램 공유: 프로그램의 종류, 프로그램 운영 노하우, 강사 풀 등 공유
- 공동사업 공유: 도서관 관련 공동사업 관련 정보 공유
- 지식 공유: 새로운 사고, 연구, 아이디어, 특화 등
- 기술 공유: 스마트도서관 플랫폼, 새로운 기술 관련 정보, 기술 도입 또는 활용 관련 정보 등
- 인력 공유: 사서, 직원, 아르바이트 등
- 정책 공유: 정부, 기업, 기타 기관의 정책이나 어젠다를 바꾸는 경우, 도서관 브랜드, 도서관 운영 등
- 거버넌스 공유: 도서관 통합서비스 체제 구축
- P2P 공유: 휴먼라이브러리, 지역인재, 커뮤니티 공간 제공 등

도서관은 어떻게 공유해야 하는가?

도서관 내부자원 기반형 공유

현재 공유경제 환경에서 공유가치를 실현하는 도서관의 역할과 업무를 제시한 내용은 '도서관 내부자원 기반형 공유'라고 명명하였고, 세부적인 내용

은 앞서 제시한 제6장의 [표 6-6]을 참조할 수 있다.

이처럼 도서관은 그 자체로 물건, 공간, 지식 등 수많은 요소를 이용자들과 공유하고 있다. 그러나 무엇보다 중요한 것은 이용자들 간의 자유로운 쌍방향 소통과 도서관과 이용자 간의 피드백과 소통이 이루어지고 있는가를 고려해 보아야 한다. 일방적인 전달자가 아닌, 소통과 공유를 통해 성장해 나가야 할 시점이다. 이러한 도서관의 시도는 도서관 이미지 변신을 별도로 하지 않아도, 이용자들과의 소통과 공유를 통해 새로운 이미지를 쉽게 구축하고 만들어 나갈 수 있을 것으로 판단된다.

지원형 공유: P2P를 위한 '공유의 장' 적극 마련

Robin Chase는 파리에서 집카에 이어 버즈카를 창업하였다. 쏘카는 기업이 차를 구매하여 개인에게 대여하고 공유해 주는 형태라면, 버즈카는 자신이 소유한 차를 공유하는 것을 희망하는 개인과 이를 빌리고 싶은 개인, 소위 Peer-to-Peer의 형태로 공유를 추구하고 있다. 버즈카, 쏘카, 에어비앤비 등 수많은 공유경제 활용 사례는 이용자, 개개인이 직접적·능동적인 주체로서 참여한다는 것에 의의가 있다.

Honeycomb 4.0의 키워드는 Peer-to-Peer이다. 기업은 이를 위한 장을 마련해 주는 것만으로도 공유의 다양한 가치를 만들어낼 수 있다는 것을 의미한다. 도서관에서의 물건, 공간, 지식의 공유도 중요하지만, 도서관 이용자들이 도서관을 통해 어떠한 공유를 지향할 수 있으며, 이용자들 간에 어떠한 공동체를 형성하여 공유의 가치를 실현할 수 있는지에 대해서 고민해 볼 때이다.

이러한 맥락에서 집카를 창업한 Robin Chase는 구글 플레이를 이긴 유튜브의 성공 요인은 정확히 알 수 없지만, '공감하기'라는 버튼을 통해 네트워크에 참여하는 양측 모두 쉽고 편리하게 느꼈을 것이라고 이야기하고 있다. 우리 사회에서 더 이상 일방적인 정보 전달은 없다. 도서관은 이러한 사회적 요구와 정보 전달의 새로운 트렌드에 주목해야 한다. 도서관은 단순히 지식

정보를 전달하거나 이를 통해 개개인의 정보요구를 충족시켜 주는 것이 아닌, 이용자가 정보의 창조자이자 이를 가능케 하는 공간적·환경적 측면을 지원해야 한다. 또한 정보와의 소통과 교류의 장이 되어야 하며, 이러한 소통은 도서관을 포함한 모든 사회구성원이 정보 공급자이고, 전달자이자 소비자가 될 것이다.

거버넌스형 공유: 정확한 정보를 제공하는 지식기관

공유되고 있는 많은 정보 중 정확한 정보를 찾아내어 통합된 플랫폼에서 신뢰성 있고, 전문성을 갖추며, 양질의 정보를 요구하는 이용자에게 빠르고 정확하게 제공해야 한다.

과거에는 정보에 접근하는 것이 매우 제한적이었으나, 정보통신기술의 발달과 함께 인터넷과 스마트기기의 시너지 효과로 빠르게 정보가 대중화되면서 개인들은 언제 어디서나 지식정보와 콘텐츠 등을 공유할 수 있게 되었다. 이와 함께 4차 산업혁명시대가 도래하면서 대중 미디어(mass media)의 시대에서 개인 또는 1인 미디어(personal media)의 시대로 변하였고, 블로그나 SNS 등을 기반으로 개개인이 다양한 콘텐츠를 생산하고 공유하며, 이를 확산하는 속도가 눈에 띄게 빨라졌다. 이처럼 제4차 산업혁명시대에는 정보의 생산자, 전달자, 소비자의 경계가 무너져 누구나 정보를 생산하고 전달하며 소비할 수 있게 된 것이다.

이로 인해 소비자는 많은 정보를 얻을 수 있지만, 이면에는 정보의 생산자가 무분별하게 증가하면서 이와 비례하여 증가하는 잘못된 정보, 오류 등을 구분하여, 이용자들이 정보의 바닷속에서 옥석을 가려 정확한 정보를 찾아내는 능력이 더욱 절실히 필요하다. 또한 정보의 생산자로서 양질의 정보를 생산하는 정보윤리의식도 갖추어야 한다.

네트워크형 공유: 소통의 공간, 공간적 측면, 복합커뮤니티센터

최근 도서관의 커뮤니티기능이 강조되고 있으며, 커뮤니티 공간, 복합커뮤니티 공간, 복합커뮤니티센터 등의 단어가 떠오르고 있다. 그러나 정말 이용자들은 도서관에서 무언가를 능동적이고 긍정적으로 공유하고 소통할 수 있다고 생각할까?

먼저 지역주민들이 함께 사용하며 주민들의 사회적 접촉을 유도하고 공동체의식을 고양시키는 개념이 중요한 공간들을 배치함으로써 최근 도서관은 복합커뮤니티센터의 개념을 지향해야 한다.

또한 선택적인 사용과 공간 이용 시 편안한 느낌, 즉 선택과 행동의 자유가 중요하다. 예컨대 실내정원 및 휴게실 측면에서 공간은 지역주민들이 도서관을 이용함으로써 자연스러운 접촉을 유도하며 친밀감과 사회적 상호작용을 촉진시켜야 한다. 쾌적한 휴게공간, 자연과 접하고자 하는 욕구에 부응하여 정서를 순화시키고 자연성을 회복시키기 위해서는 항시 자연과 접하면서 휴식할 수 있는 공간이 중요하다.

하루에 도서관에는 많은 사람들이 방문한다. 우리는 개개인을 도서관 이용자로 인식하고, 그들을 위한 서비스와 프로그램 등을 제공하고 있지만, 이용자들 간의 커뮤니케이션 활성화와 그들의 내적 감성과 지식 표출을 통해 창출되는 수많은 가치들을 놓치고 있었다. 최근 이러한 인식을 통해 무한상상실 등과 같이 이용자들 자신 스스로, 자신이 표현하고 원하는 방식으로 공간을 이용하고 도서관은 이를 지원하는 형태의 서비스들이 제공되고 있으며, 앞으로도 이를 적극 강화할 필요가 있다.

| 참고문헌 |

강병준, 최무현 (2013). 공유경제의 전망과 과제에 관한 탐색적 연구. 정책개발연구, 13(1), 143-170.

강철구, 전소영 (2017). 경기도 친환경 공유경제 활성화 방안 연구. 정책연구, 1-137.

고영삼, 조용완 (2007). 정보화 역기능 해소를 위한 지역 공공도서관의 역할 탐색. 한국문헌정보학회지, 41(4), 29-48.

고윤승 (2014). ICT 발달에 따른 공유경제에 대한 소고. e-비즈니스연구, 15(6), 77-100.

곽철완 (2012). 도서관의 역사: 권력에 따른 도서관의 발달과 쇠퇴. 서울: 조은글터.

권나현 (2015). 공공도서관 서비스 성과 평가. 한국문헌정보학회지, 49(2), 169-194.

권애라 (2013). IT 비지니스 발전에 따른 공유경제 성장전망 및 시사점. KDB 산업은행 산업이슈, 73-87.

권영현, 이인배, 김경태, 권미정 (2012). 충남 농산어촌 폐교의 실태와 활용성 제고 방안. 공주: 충남발전연구원.

김갑환, 김학봉, 우창훈 (2017). 공유경제와 물류자원 공유 사례조사. 한국 SCM 학회지, 17(2), 89-115.

김경호 (2016). 4차 산업시대를 열어가는 공유경제 서비스. STSS 지속가능과학회 학술대회, 137-139.

김기남 (2011). 폐교의 처분과 활용. 석사학위논문, 경북대학교 대학원 행정학과.

김상훈 (2014). 빅 스몰 인터넷과 공유경제가 만들어낸 백만 개의 작은 성공. 서울: 자음과모음

김성화 (2010). 전라북도 초등학교 폐교시설의 지역특성별 활용방안에 관한 연구. 석사학위논문, 한국교원대학교 교육정책전문대학원 교육시설환경정책전공.

김용, 김건, 오효정, 양동민, 한희정, 박태연, 김태영, 강주연 (2017). 제4차 산업혁명시대 도서관의 미래전략 및 서비스 모형 구축 연구. 서울: 국립중앙도서관.

김윤경 (2014). 문화콘텐츠산업을 위한 IT 플랫폼 기반의 공유모델 연구: 공유경제 사례분석을 중심으로. 석사학위논문, 국민대학교 테크노디자인전문대학원 디지털미디어디자인학과.

김윤희 (2010). 농촌 다문화가정 복합문화센터 실내공간 계획: 폐교재산 활용을 중심으로. 석사학위논문, 홍익대학교 건축도시대학원 실내설계전공.

김은란, 차미숙, 김상조, 박미선 (2015). 공유경제 기반의 도시공간 활용 제고방안 연구. 국토연구원 연구보고서, 1-187.

김재영, 이종국 (2012). 사례조사를 통한 폐교 활용 노인요양시설의 공간 분석. 한국주거학회 학술대회논문집, 93-98.

김점산, 지우석, 강상준 (2014). 공유경제(sharing economy)의 미래와 성공 조건, 이슈&진단, 134, 1-25.

김진영 (2015, February 16). 공유경제와 Mobile On-Demand Economy, 그리고 '부스러기 경제'. Vertical platform, Retrieved from https://verticalplatform.kr/archives/4375

김해중, 박종우, 조동혁 (2016). 공유경제 서비스의 성공요인에 관한 실증 연구. 한국콘텐츠학회논문지, 16(1), 214-229.

김형균 (2013). 부상하는 공유경제, 시정소프트 활용 방안. BDI 정책포커스, 198, 1-12.

김형균, 오재환 (2013). 도시재생 소프트 전략으로서 공유경제 적용방안. 부산: 부산발전연구원.

김홍렬 (2004). 지역주민을 위한 공공도서관의 문화 및 교육적 기능 확대에 관한 연구. 한국도서관·정보학회지, 35(4), 339-360.

김홍열, 임영환 (2016). 폐교를 활용한 기숙형 중학교 공간분석 연구. 대한건축학회 학술발표대회 논문집, 1248-1251.

남태우 (2016). 도서관론. 서울: 한국도서관협회.

노경식, 장준호 (2007). 도심(都心) 폐교시설(廢校施設) 활용방안(活用方案)에 관한 연구―(구)수도여고의 활용방안(活用方案)을 중심(中心)으로. 지역사회발전학회논문집, 32(2), 145-164.

노영희 (2015). 녹색도서관 인증을 위한 평가항목 개발에 관한 연구. 정보관리학회지, 32(3), 99-130.

노영희 (2016). 공유경제의 도서관 적용에 관한 연구. 한국비블리아학회지, 27(3), 75-98.

노영희 (2017). 공공도서관의 사회적 가치 평가지표 개발에 관한 연구. 정보관리학회지, 34(2), 181-214.

노영희, 노지윤 (2018). 도서관의 폐교 활용방안에 관한 연구. 정보관리학회지, 35(4), 77-106.

노영희, 안인자 (2012). 친환경 녹색도서관. 서울: 조은글터.

노영희, 정대근, 노지윤 (2018). 공유경제시대에서 도서관의 공유가치 실현을 위한 역할 도출에 관한 연구. 한국도서관·정보학회지, 49(3), 133-168.

노지윤, 노영희 (2018). 공유경제 환경에서 도서관의 역할에 대한 이용자 인식 연구. 한국도서관정보학회 하계 학술발표회, 248-256.

도현학 (2011). 농촌마을 활성화를 위한 폐교시설의 활용에 관한 연구: 경북지역을 중심으로. 한국농촌건축학회논문집, 13(3), 91-98.

라준영 (2014). 공유경제와 사회적 기업. 서비스경영학회지, 15(4), 107-124.

로나 골드(저). 안명옥, 하윤희(번역). 공유경제, 나눔의 경제학. 서울: 조윤커뮤니케이션.

마상진 (2010). 농촌의 폐교활용 실태와 정책 과제. 나주: 한국농촌경제연구원.

문병기 (2010). 경제적 합리성의 재해석. 한국지방자치학회보, 22(4), 341–362.

박성우, 장우권 (2009). 사회자본과 공공도서관의 사회적 영향에 관한 고찰. 한국문헌정보학회지, 43(2), 215–231.

박옥남 (2018). 4차 산업혁명 시대의 도서관 변화와 사서교육 방향에 대한 고찰. 한국문헌정보학회지, 52(1), 285–311.

박옥남, 이정미, 배경재, 차성종 (2017). 국립중앙도서관 서비스의 미래 방향성 및 개선방안에 대한 연구. 한국비블리아학회지, 28(4), 269–299.

박의창 (2018). 한국과 일본의 폐교활용 비교연구. 석사학위논문, 충북대학교 산업대학원 건설공학과.

박태연, 강주연, 김용, 김태경, 오효정 (2018). 4차 산업혁명 시대 도서관의 미래상에 대한 사서 인식조사. 한국문헌정보학회지, 52(1), 203–229.

반정화 (2016). 관광경험 제고와 공유경제. 한국관광정책, 63, 22–31.

반정화, 박윤정 (2015). 서울시 공유경제 활성화방안. 서울연구원 정책과제연구보고서, 1–106.

방숙희 (2007). 도시재생 개발보다 문화가 중심돼야. 용인시민신문, Retrieved from http://www.yongin21.co.kr/news/articleView.html?idxno=19128

방숙희 (2007). 유휴공간 지역공동체 문화공간으로 재탄생. 용인시민신문, Retrieved from http://www.yongin21.co.kr/news/articleView.html?idxno=19204

배석희 (2017, June 20). 삼척시, 폐교 활용해 '삼척미로정원' 개장. Landscape Times, Retrieved from http://www.latimes.kr/news/articleView.html?idxno=26344

변경화, 강은정, 유창균 (2015). 폐교를 활용한 체험활동 숙박시설의 공간계획 분석. 한국주거학회 논문집, 26(2), 111–119.

산업연구원 (2017). 공유경제 활성화를 통한 서비스업 성장전략. 경기: 생각쉼표.

신은별 (2016). 공유경제에 기반한 '셰어링스페이스'의 공간유형 분석에 관한 연구: 공유공간의 운용, 기능, 공간특성의 연결성을 중심으로. 석사학위논문, 숙명여자대학교 대학원 환경디자인학과.

심수진 (2016). 공유경제 서비스 사용의 영향요인에 대한 실증 연구. 인터넷전자상거래연구, 16(4), 163–183.

안인자 (2005). 사서직 업무변화에 관한 연구. 한국비블리아학회지, 16(1), 233–246.

오계택 (2017). 사서직 직무 분석 및 미래 도서관 사서의 직무 변화 분석, 통계로 보는 도서관. 세종: 문화체육관광부.

오원진 (2013). 폐교재산의 효율적 활용방안에 관한 연구: 충청북도교육청 소관 폐교재산을 중심으로. 석사학위논문, 한국교원대학교 교육정책전문대학원 교육시설환경정책전공.

유민주 (2019, January 22). 우버 · 쏘카 등 '공유경제', "합법인가, 불법인가?"… '논란 가중'. Special Economy, Retrieved from https://blog.naver.com/speconomy/220330627953

이광훈 (2014). 공유주차를 통한 근린생활시설의 부설주차장 활성화 방안. 정책리포트, 174, 1-18.

이명한 (2007). 강원지역 폐교시설의 실태 및 활용방안에 관한 연구. 석사학위논문, 강원대학교 산업대학원 건축공학과.

이민화 (2018). 공유 플랫폼 경제로 가는 길. 서울: 창조경제연구회

이상수 (2018). 4차 산업혁명, 공유경제란?. 시민의소리, Retrieved from http://www.siminsori.com/news/articleView.html?idxno=201481

이선철 (2006). 문화예술교육 공간으로서의 폐교활용을 위한 전략과 제안. 지역주민의 문호예술교육공간으로서 폐교활용방안 포럼, 문화예술교육포럼.

이성섭 (2014). 폐교재산의 효율적 관리 및 활용방안 연구: 경상남도 농·어촌지역을 중심으로. 석사학위논문, 한국교원대학교 교육정책전문대학원 교육시설환경정책전공.

이성엽 (2016). 공유경제(Sharing economy)에 대한 정부규제의 필요성. 행정법연구, (44), 19-41.

이영실 (2011). 폐교를 활용한 문화시설의 네트워크를 통한 지역 문화예술 활성화 방안 연구. 석사학위논문, 홍익대학교 미술대학원.

이용균 (2015). 신자유주의 개발의 상상력과 포스트개발: 공유경제를 중심으로. 한국지리학회지, 4(2), 293-306.

이웅구, 남윤철 (2010). 폐교를 활용한 노인복지시설 리모델링 사례와 평면유형 개발. 한국디지털건축인테리어학회 논문집, 10(3), 38-45.

이정미 (2015). 도서관에 대한 인식과 정보 이용 분석 연구. 한국비블리아학회지, 26(3), 291-314.

이종선 (2007). 폐교를 활용한 유료노인복지주택에 관한 설계연구. 석사학위논문, 공주대학교 대학원 건축공학과.

이주일, 이택호 (2017). 폐교시설의 자연순환형 복합 체험학습장 활용을 통한 지역경제 · 문화 활성화에 관한 탐색적 연구. 문화산업연구, 17(2), 1-9.

이중원 (2016). 공유경제 플렛폼 성과에 영향을 미치는 요인: IT의 역할을 중심으로. 석사학위논문, 고려대학교 대학원 디지털경영학과.

인더스트리뉴스 (2019, January 27). 다보스 포럼, 세계화 4.0 시대 맞아 글로벌 구조에 대한 활발한 논의 이어져. Retrieved from http://www.industrynews.co.kr/news/articleView.html?idxno=28960

임채원, 김병섭 (2012). 글로벌 위기의 대응으로서 "공유가치성장"과 "관계국가모형". Retrieved from http://hdl.handle.net/10371/79289

임환수 (2005). 폐교시설을 활용한 대안학교 설계. 석사학위논문, 서울시립대학교 대학원 건축공학과.

장우석, 정남수 (2013). 농촌폐교 활용 정책수립을 위한 그린투어리즘 접근성 평가—충청남도를 대상으로. 농촌계획, 19(4), 293-306.

전병서 (2011). 중국 100년의 꿈, 한국 10년의 부. 서울: 참돌.

전수연 (2014). 온라인 공유경제 플랫폼 이용의도에 영향을 미치는 요인. 석사학위논문, 고려대학교 대학원 디지털경영학과.

전영도 (2008). 폐교시설의 활용 방안에 관한 연구: 경기도 지역을 중심으로. 석사학위논문, 건국대학교 대학원 부동산학과.

전종헌 (2014, August 27). 텅 빈 폐교 활용해 연간 '5억원' 매출. 매일경제, Retrieved from http://news.mk.co.kr/newsRead.php?year=2014&no=1122585

정석완 (2018). 공유경제 개념의 변화와 한국의 공유경제. 이슈분석, 756, 71-85.

정은주 (2017). 인구감소시대 도시만들기와 공유경제. 광주: 전남대학교출판문화원.

정재준, 황은경, 황원규 (2017). 4차 산업혁명 나는 무엇을 준비할 것 인가. 서울: 한빛비즈

정지영, 정선영 (2003). 리모델링을 통한 폐교시설의 예술촌 공간디자인에 관한 연구. 신라대학교 논문집, 52, 197-208.

정진주, 박승렬, 김승근, 최효승 (2000). 충북 미활용폐교의 실태와 활용방안에 대한 조사연구. 한국농촌건축학회논문집, 2(2), 23-34.

조경복 (2015). 공유경제 실현과 지역경제 연계를 위한 협력적 로컬 거버넌스 구축—지역 카쉐어링을 중심으로. 박사학위논문, 부경대학교대학원 행정학.

조명대 (2017). 제4차 산업혁명의 정신과 도서관의 역할. 한국정보관리학회 학술대회 논문집, 105-130.

조성우 (2018, May 22). 부여군, 폐교가 노인대학으로 부활. 충청메시지, Retrieved from http://www.ccmessage.kr/news/articleView.html?idxno=3352

조성찬 (2006). 폐교재산 활용방안에 관한 법적 고찰. 석사학위논문, 대진대학교 법무행정대학원 법학과.

조정민, 신지은 (2014). 지역 공공성과 로컬리티. 로컬리티 인문학, (11), 123-152.

주강진, 김애선, 신영섭, 장아침 (2016). 공유경제와 미래사회. 포럼보고서, 1-127.

주덕 (2016). 관광부문 공유경제의 실험. 관광레저연구, 28(4), 43-58.

지방교육재정알리미 (2018). 폐교정보. Retrieved from http://www.eduinfo.go.kr/portal/main.do

차두원, 진영현 (2015). 초연결시대, 공유경제와 사물인터넷의 미래. 서울: 한스미디어.

차미경 (2003). 공공도서관의 지역사회에 대한 영향력 평가 지표 개발에 관한 연구. 한국문헌정보학회지, 37(4), 311-328.

최세정 (2018). 중국 차량 공유서비스에 대한 소비자의 만족도 및 지속적 사용의도에 영향을 미치는 요인. 석사학위논문, 고려대학교 대학원 언론학과.

최영덕 (2018, August 15). 2021학년도에 전국 38개 대학교 폐교 전망. 충청매일, Retrieved from http://www.ccdn.co.kr/news/articleView.html?idxno=534730

최청정 (2017). 문화예술 부문 공유경제 비즈니스 사례분석 및 활성화 방안. 석사학위논

문, 홍익대학교 경영대학원 문화예술경영전공.

최현수, 박준태 (2014). 서울시의 카셰어링 이용도에 대한 지역적 요인특성분석. 한국철도학회 논문집, 17(5), 381-389.

크라우드 산업연구소 (2013). 새로운 대한민국을 꿈꾸는 기업들을 통해 살펴본 공유경제. 서울: 좋은땅

표순희 (2006). 공공도서관 경제적 가치 측정에 관한 연구. 한국문헌정보학회지, 40(2), 243-261.

표순희, 고영만, 심원식 (2011). 공공도서관 이용가치에 영향을 미치는 요인. 한국도서관·정보학회지, 42(2), 323-341.

표순희, 정동열 (2008). 공공도서관 경제적 이용가치 측정방안에 관한 연구. 한국문헌정보학회지, 42(2), 209-234.

표순희, 차미경 (2018). 공공도서관에 대한 사서와 이용자 인식 비교 연구. 한국문헌정보학회지, 52(2), 221-244.

프랑스 국립통계경제연구소(INSEE). Retrieved from https://www.insee.fr/en/accueil

하남현 (2018). 생활SOC 이름 붙였지만, 문 정부도 결국 SOC로 경기 부양. 중앙일보, Retrieved from https://news.joins.com/article/22919261

한국개발연구원 (2015). 공유경제 관련 제도개선방안 연구. Retrieved from http://www.kdi.re.kr/

허성훈, 이종국 (2012). 폐교시설을 활용한 재가노인복지시설 공간구성에 관한 연구. 한국주거학회 학술대회논문집, 99-104.

홍승신, 이선영 (2002). 환경친화적인 리노베이션 기법을 적용한 폐교의 재활용, 교육시설학회지, 9(4), 95-102.

arte365 (2006, December 6). 현실에 기반한 일본의 폐교 활용 문화예술교육 현장을 가다. Retrieved from http://www.arte365.kr/?p=4111

KT경제경영연구소 (2017). 한국형 4차산업혁명의 미래. 서울: 한스미디어.

Abend, J., & McClure, C. R. (1999). Recent views on identifying impacts from public libraries. *Public Library Quarterly, 17*(3), 3-29.

American Library Association (2015). Sharing Economy. Retrieved from http://www.la.org/transforminglibraries/future/trends/sharingeconomy

Anderson, J.(저). 이영민, 이종희(역) (2013). 문화 장소 흔적: 문화지리로 세상 읽기. 파주: 한울아카데미.

Belk, R. (2014). Sharing versus pseudo-sharing in Web 2.0. *The Anthropologist, 18*(1), 7-23.

Botsman, R., & Rogers, R. (2010a). *What's Mine Is Yours: The Rise of Collaborative Consumption*. NY: HarperCollins Publishers.

Botsman, R., & Rogers, R. (2010b). Beyond zipcar: Collaborative consumption. *Harvard Business Review*, *88*(10), 30.

Carlton, J. (2009). Folks are flocking to the library, a cozy place to look for a job. *Wall Street Journal*, *15*.

CNN (2009, September 4). The future of libraries, with or without books. Retrieved from http://edition.cnn.com/2009/TECH/09/04/future.library.technology/index.html?eref=rss_tech

Eckhardt, G., & Bardhi, F. (2015, January). The Sharing Economy Isn't About Sharing at All. Massachusetts: Harvard Business Publishing.

Economist (2013). Retrieved from https://www.economist.com/

Farkas, M. G. (2007). *Social software in libraries: building collaboration, communication, and community online*. Oregon: Information Today, Inc.

Fitch, L., & Warner, J. (1998). Dividends: the value of public libraries in Canada. *The Bottom Line*, *11*(4), 158–179.

Focolare Movement (1994). Relatoria annual das atividades socias internal report, Sao Paulo.

Forbes (2013). Retrieved from https://www.forbes.com/#10364e422254

Garlick, R. (2014). *Ramble of the day: The Library is a Sharing Economy Pioneer*. Retrieved from http://rossgarlick.com/2014/01/16/ramble–of–the–day–the–limits–of–he-sharing-economy

Gold, L. (2004). *The sharing economy: solidarity networks transforming globalisation*. Vermont: Ashgate Publishing.

Gold, L. (2010). *New Financial Horizons: The Emergence of an Economy of Communion*. New York: New City Press.

Griffiths, J. M., & King, D. W. (2011, July 27). Public libraries are particularly essential in recessions. *Providence Journal*, Retrieved from http://www.providencejournal.om/

Gwinn, M. A. (2009). *Library use jumps in Seattle area; Economy likely reason*. Seattle: Times.

Holt, G. E., Elliott, D., & Moore, A. (1999). Placing a value on public library services. *Public Libraries–Chicago–Public Library Association–*, *38*, 98–109.

Horton, S. J., & Spence, J. (2006). Scoping the economic and social impact of archives. Retrieved from http://www.socialvalueuk.org/app/uploads/2016/07/coping_the_economic_and_social_impact_of_archives___report_9739.pdf

Jackson, D. Z. (2009, January 3). The library–a recession sanctuary. Boston Globe, Retrieved from http://www.boston.com/bostonglobe/editorial_opinion/oped/articles/

009/01/03/the_library___a_recession_sanctuary/

Jaeger, P. T., Bertot, J. C., Kodama, C. M., Katz, S. M., & DeCoster, E. J. (2011). Describing and measuring the value of public libraries: The growth of the Internet and the evolution of library value. *First Monday, 16*(11).

Kerslake, E., & Kinnell, M. (1998). Public libraries, public interest and the information society: Theoretical issues in the social impact of public libraries. *Journal of Librarianship and Information Science, 30*(3), 159-167.

Kim, W. C., & Mauborgne, R. (1998). Value innovation: the strategic logic of high growth. *IEEE Engineering Management Review, 26*(2), 8-16.

Ko, Y. S. (2014). A Study on Sharing Economy of the ICT development. *The e-Business Studies, 15*(6), 77-100.

Koopman, R., Wang, Z., & Wei, S. J. (2014). Tracing value-added and double counting in gross exports. *American Economic Review, 104*(2), 459-94.

Lessig, L. (2008). *REMIX: Making Art and Commerce Thrive in the Hybrid Economy.* London: Bloomsbury Publishing.

Lessing, D. (2008). On Not Winning the Nobel Prize. *Yearbook of the National Society for the Study of Education, 107*(2), 45-50.

Matarasso, F. (1998). *Learning development: an introduction to the social impact of libraries.* Bournes Green, Stroud: Comedia.

Matofska, B. (2014). What is the sharing economy. *The people who share, 444.*

Matthews, J. R. (2004). *Measuring for results: The dimensions of public library effectiveness.* Libraries Unltd Incorporated.

McClure, C. R., Fraser, B. T., Nelson, T. W., & Robbins, J. B. (2000). Economic benefits and impacts from public libraries in the State of Florida. *Final Report.*

Mies, G. (2014. June 16). *Libraries Need to Lead the Sharing Economy.* Retrieved from http://www.techsoupforlibraries.org/blog/libraries-need-to-lead-the-sharing-economy

Miller, K. (2010). *Public libraries going grean.* Chicago: Amer.LibraryAssn.

Noh, Y., & Ahn, I. J. (2018). Evaluation Indicators for Green Libraries and Library Eco-friendliness. *International Journal of Knowledge Content Development & Technology, 8*(1), 51-77.

One Earth (2015). Local Governments and The Sharing Economy, 27. Retrieved from http://www.localgovsharingecon.com/uploads/2/1/3/3/21333498/localgovsharingecon_report_full_oct2015.pdf

Owyang, J., Samuel, A., & Grenville, A. (2014). Sharing is the new buying: How to win in the collaborative economy. Vision Critical/Crowd Companies.

Poll, R. (2003). Measuring impact and outcome of libraries. Performance measurement and metrics, 4(1), 5–12.

Porter, M. E. (1980). Competitive Strategy: Techniques for Analyzing Industries and Competitors. New York: The Free Press.

Porter, M. E. (2004). Building the Microeconomic Foudations of Prosperity: Findings from the Business Competitiveness Index in M.E. Porter, K.Schwab, X. Sala–i–Martin and A. Lopez–Claros(eds.) The Global Competitiveness Report 2004–2005, 19–50.

Porter, M., & Kramer, M. R. (2011). Creating shared value. Harvard Business Review, 89(1/2), 62–77.

Rasmussen, C. H., & Jochumsen, H. (2003). Strategies for public libraries in the 21st century. *The International Journal of Cultural Policy*, *9*(1), 83–93.

Rifkin, J. (2011). *The Third Industrial Revolution: How Lateral Power Is Transforming Energy, the Economy, and the World*. New York: Palgrave Macmillan.

Robertson, E. (1978). *Chiara*. Dublin: Christian Journal Press.

Rothenberg, S. (2007). Sustainability through servicizing. *MIT Sloan management review*, *48*(2), 83–91.

Schor, J. B. (2014). Debating the Sharing Economy. Retrieved from https://greattransition.org/publication/debating–the–sharing–economy

Schor, J. B., & Fitzmaurice, C. J. (2015). Collaborating and connecting: the emergence of the sharing economy. *Handbook of Research on Sustainable Consumption*, *26*, 410.

Spulber, A., Dennis, E. P., Wallace, R., & Schultz, M. (2016). The impact of new mobility services on the automotive industry. *Ann Arbor, MI.: Center for Automotive Redsearch(CAR)*.

Stephany, A. (2015). The Business of Sharing. 위대선 역 (2015). 공유경제는 어떻게 비즈니스가 되는가?. 서울: 한스미디어.

Sundararajan, A. (2014). The Power of Connection: Peer to Peer Businesses. The Committee on Small Business of the United States House of Representatives.

Sundararajan, A. (2016). The Sharing Economy: The End of Employment and the Rise of Crowd–Based Capitalism. 이은주 역 (2018). 4차 산업혁명 시대의 공유 경제. 서울: 교보문고.

Time (2011). *10 Ideas That Will Change the World*. Retrieved from http://content.time.com/time/specials/packages/article/0,28804,2059521_2059717_2059710,00.html

Todd, C. J. (2016, April 12). *The Collaborative Economy Honeycomb Is Growin*. Retrieved from https://www.platform–os.com/blog/post/blog/the–collaborative–

economy-honeycomb-is-growing

Van Sant, W. (2009). Librarians now add social work to their resumes. *St. Petersburg Times*, *8*.

Yates, K. (2009, February 28). Hard economic times: A boon for public libraries. CNN, Retrieved from http://www.cnn.com/2009/US/02/28/recession.libraries/index.html

YTN. (2018, December 10). 택시기사 분신...'카카오 카풀' 갈등 어디로. Retrieved from https://www.ytn.co.kr/_ln/0103_201812102214124052

찾 | 아 | 보 | 기 Index

| 저자소개 |

노영희

노영희는 연세대학교 문헌정보학과에서 박사학위를 받았다. 문화체육관광부의 우수도서로 선정된 3권을 포함하여 50권 이상의 도서를 출판하였으며, 2012년 우수논문상을 받은 논문을 포함해 120편 이상의 논문을 기고하였다.
세계 3대 인명사전 중의 하나인 Marquis Who's Who에 2012~2016년까지 등재되었으며, 건국대학교 최고연구자상(2009년), 건국대학교 최고교수상(2014년)을 수상하였다. 또한 2014년에 한국도서관정보학회에서 우수논문상을 수상하였다.
2004년부터 건국대학교 문헌정보학과에 재직 중이며 메타데이터, 디지털도서관, 인터넷 정보자원 처리, 디지털 콘텐츠에 대해 강의를 하고 있다.
현재는 건국대학교 LINC+ 사업단 사업단장으로 지역과 함께한 사회맞춤형 산학협력사업을 진행하고 있으며, 학제간 융합연구총괄센터 센터장으로 한국연구재단 학제단 융합연구 수행팀들을 지원하고 있다. 대표저서로는 「디지털콘텐츠의 이해」(2014), 「전문사서와 경력개발」(2015), 「차세대 디지털도서관의 이해」(2016), 「한국문헌정보학 교과과정」(2016), 「중국도서관의 이해와 사례」(2019) 등이 있다.

노지윤

중앙대학교에서 문헌정보학 석사학위를 수여하였으며, 현재 건국대학교 문헌정보학 박사과정을 밟고 있다. 현재 건국대학교 지식콘텐츠연구소에 선임연구원으로 재직하고 있다. 현재 관심 연구 분야는 도서관과 도시재생, 도서관의 폐교 활용, 공유경제와 도서관, 도서관 협력(네트워크), 도서관 빅데이터 등이다.

도서관과 공유경제

2019년 8월 10일 1판 1쇄 인쇄
2019년 8월 15일 1판 1쇄 발행

저 자 | 노영희 · 노지윤
발행인 | 이수영
발행처 | 도서출판 청람
서울시 마포구 독막로 288(대흥동, 세양상가 109호)
전 화 | 02)3272-2601~2
팩 스 | 02)3272-2603
이메일 | crbooks@daum.net
홈페이지 | http://www.crbooks.co.kr
등 록 | 2000년 8월 26일 제6-0509호

ISBN 978-89-5972-708-7 93020 [정가 15,000원]